Das Mysterium der Schöpfung

Jürgen Kramke

Das Mysterium der Schöpfung

Grundlagen der geistigen und natürlichen Schöpfung.

Bibliografische Information der Deutschen Nationalbibliothek:
Die Deutsche Nationalbibliothek verzeichnet diese Publikation in der
Deutschen Nationalbibliografie; detaillierte bibliografische Daten sind
im Internet über www.dnb.de abrufbar.

Herstellung und Verlag: BoD – Books on Demand, Norderstedt

ISBN 9783738611465

Inhaltsverzeichnis:

Man sagt, die Welt in ihrem Inbegriff sei aus Nichts erschaffen, und von dem Nichts hat man die Vorstellung eines völligen Nichts, während doch aus dem völligen Nichts nichts wird, noch etwas werden kann. Dies ist eine ausgemachte Wahrheit, weshalb das Weltall, welches ein Bild Gottes, und daher voll Gottes ist, nur in Gott aus Gott erschaffen werden konnte; denn Gott ist das Sein selbst, und aus dem Sein muss das sein, das ist; aus dem Nichts, das nicht ist, erschaffen, was ist, ist völlig widersprechend.

[Emanuel Swedenborg]

Vorwort

Seit fast fünfzig Jahren setze ich mich mit den Grundfragen des Lebens auseinander. Schon als junger Mensch wollte ich wissen, wie das Universum mit seinen Planeten, Sonnen und Galaxien entstanden ist. Dabei blieb es natürlich nicht aus, dass ich mich auch mit den Fragen nach der Herkunft des Lebens im Allgemeinen und dem auf unserer Erde im Besonderen auseinandergesetzt habe.

Zunächst habe ich mich den naturwissenschaftlichen Erklärungsmodellen zugewandt. Die Antworten, welche ich durch die Beschäftigung mit der Urknall- und der Evolutionstheorie erhielt, haben mich in Bezug auf die Herkunft der Welt nur wenige Jahre befriedigen können. Als zu groß stellten sich im Laufe der Zeit die Beweislücken in diesen Theorien heraus.

Irgendwann begann ich, mich für die Kräfte zu interessieren, die hinter der Materie stehen. Durch die Quantenphysik kann man wissen, dass es im Grunde Materie gar nicht gibt. Jedenfalls nicht im geläufigen Sinne. Es gibt nur ein Beziehungsgefüge, ständigen Wandel, Lebendigkeit. Wir tun uns schwer, uns dies vorzustellen. Primär existiert nur Zusammenhang, das Verbindende ohne materielle Grundlage. Wir könnten es auch Geist nennen. Etwas, was wir nur spontan erleben und nicht greifen können. Materie und Energie treten erst sekundär in Erscheinung – gewissermaßen als geronnener, erstarrter Geist. Nach Albert Einstein ist Materie nur eine verdünnte Form der Energie. Ihr Untergrund jedoch ist nicht eine noch verfeinerte Energie, sondern etwas ganz Andersartiges, eben Lebendigkeit.[1]

Durch meine Recherchen bin ich letztendlich zu der Erkenntnis gelangt, dass es einen Gott geben muss, durch den alles im grenzenlosen Universum erschaffen und erhalten wurde und wird.

---

[1] Zitat von **Hans-Peter Emil Dürr** (* 7. Oktober 1929 in Stuttgart; † 18. Mai 2014 in München[11]) war ein deutscher Physiker und Essayist. Bis Herbst 1997 war er Direktor des Max-Planck-Institut für Physik (*Werner-Heisenberg-Institut*) in München.

Das vorliegende Buch ist eine Zusammenstellung von Aufsätzen, die ich im Laufe der Zeit geschrieben habe. Sie sind während meiner Auseinadersetzung mit den Grundfragen des Lebens entstanden. Da es sich um Aufsätze handelt, die ich als Vorträge in verschiedenen Orten Deutschlands, Österreichs und der Schweiz gehalten habe, sind die einzelnen Kapitel in sich abgeschlossene Themenbereiche. Dass, es dabei hin und wieder zu Textüberschneidungen kommt, ist meines Erachtens für das Verständnis der angeführten Gedanken förderlich.

Bei der Lektüre dieses Buches wünsche ich Ihnen viel Freude und gute Erkenntnisse.

Jürgen Kramke

Ich habe niemals die Existenz Gottes verneint. Ich glaube, dass die Entwicklungstheorie absolut versöhnlich ist mit dem Glauben an Gott. Die Unmöglichkeit des Beweisens und Begreifens, dass das großartige über alle Maßen herrliche Weltall ebenso wie der Mensch zufällig geworden ist, scheint mir das Hauptargument für die Existenz Gottes.
[Charles Darwin (1809-1882), Begründer der Evolutionstheorie]

Die Entwicklung des Lebens vom Mineralreich zum Menschen.

Die meisten Menschen werden eine mehr oder weniger genaue Vorstellung davon haben, aus welchen Materialien das Universum zusammengesetzt ist. In der Schule wurden die einzelnen chemischen Elemente erklärt, aus denen die Welt besteht, und im Physikunterricht stellten uns die Lehrer jene Kräfte vor, die unsere Welt zusammenhalten. Bei genauer Betrachtung handelte es sich dabei aber letztendlich immer nur um die Beschreibung bestehender Systeme. Es wurden zwar die unterschiedlichsten chemisch-physikalischen Gesetze mathematisch genau erklärt, woraus denn aber nun die Materie letzten Endes besteht und wer diese wunderbaren Gesetzmäßigkeiten in das Dasein gestellt hat, darüber schweigt sich die Naturwissenschaft aus. Natürlich gibt es die unterschiedlichsten Denkansätze wie z. B. die Urknalltheorie, aber für die eigentliche Ursache des Universums hat die Naturwissenschaft keine wirklichen Antworten.

Für jemanden, der an einen allumfassenden Gott glaubt, ist es leicht nachvollziehbar, dass diese wissenschaftlichen Erklärungsmodelle nicht in der Lage sind, alle Hintergründe des Universums und der Welt zu erklären. Denn solange die materialistische Wissenschaft nicht erkennt, dass die eigentlichen Ursachen für die Existenz des Universums geistiger Natur sind[2], wird sie immer nur an der Oberfläche kratzen und niemals die Tiefen der eigentlichen Ursachen ausloten können.

Der große Naturforscher und Visionär Emanuel Swedenborg[3] hat der Menschheit in seinen umfangreichen Schriften ein Weltbild hinterlassen, das auf viele der von den Naturwissenschaftlern unbeantworteten Fragen oft sehr verblüffende Antworten zu geben vermag.

---

[2] siehe Seite 185
[3] siehe Seite 187

Als Grundlage meiner nachfolgenden Betrachtungen habe ich hauptsächlich das 1907 in Stuttgart erschienene Swedenborgwerk »Die Weisheit der Engel betreffend die göttliche Liebe und die göttliche Weisheit«, im Weiteren »GLW« genannt, verwendet. In diesem Buch finden sich sehr viele Hinweise, die es dem Leser ermöglichen, die swedenborgsche Kosmologie bezüglich der Schöpfung nachzuempfinden.

Zu den wichtigsten Eckpfeilern der swedenborgschen Kosmologie gehören die Begriffe Liebe und Leben. So stellt Swedenborg gleich zu Beginn seines Werkes fest, dass es einen unmittelbaren Zusammenhang zwischen der Liebe und dem Leben des Menschen gibt. Die Tatsache, dass sich der Mensch lebendig fühlt, dass er denkt, fühlt und handelt, ist laut Swedenborg einzig und allein auf die ihm innewohnende Liebe zurückzuführen. Aufgrund seiner Liebe hat der Mensch das Gefühl, dass er ein lebendiges von Gott unabhängiges Wesen ist, das aus sich selbst ein Leben hat und somit auch ohne Gott ganz gut leben kann. Sein aus der Liebe entspringender Wille ist meist so auf die Befriedigung weltlicher Bedürfnisse fixiert, dass sein Verstand nicht auf die Idee kommt, dass sein Gefühl, dass er aus sich selbst lebt, einem großen Irrtum entspringt. Denn Gott allein ist das Leben, weil Er die Liebe selbst ist; Engel und Menschen sind Aufnahmegefäße des Lebens aus Ihm. Swedenborg schreibt dazu:

„Der Herr, welcher der Gott des Weltalls ist, ist unerschaffen und unendlich; der Mensch hingegen und der Engel sind erschaffen und endlich; und weil der Herr unerschaffen und unendlich ist, so ist er das Sein selbst, welches 'Jehova'[4] heißt, und ist das Leben selbst oder das Leben in sich.
Aus dem Unerschaffenen, Unendlichen, dem Sein selbst und dem Leben selbst, kann nicht jemand unmittelbar geschaffen werden, weil das Göttliche Eines und unteilbar ist; sondern er muss aus Ge-

---

[4] siehe Seite 186

schaffenem und Endlichem sein, das so gebildet ist, dass das Göttliche in ihm wohnen kann. Weil die Menschen und die Engel von dieser Art sind, sind sie Aufnahmegefäße des Lebens."[5]

Jehova Gott ist demnach unerschaffen und unendlich, Er war immer und Er wird immer sein. Er hat keinen Anfang und kein Ende und Er füllt die Unendlichkeit mit seinem Selbst, seiner Liebe und seinem Leben aus. Und weil Jehova in der Unendlichkeit das einzige Sein, die einzige Liebe und das einzige Leben selbst ist, kann es innerhalb und außerhalb Gottes kein anderes Leben als das Seine geben. Er ist das einzige wirkliche Leben.

Die logische Konsequenz dieses Gedankens ist die, wenn Jehova Gott das einzige Leben in der ganzen Unendlichkeit ist, dann kann kein geschaffenes Wesen und somit auch kein Mensch und kein Engel sein Leben aus sich selbst haben. Auch wenn es überhaupt nicht dem eigenen Lebensgefühl entspricht, sollte sich der Mensch mit dem Gedanken anfreunden, dass er kein Leben aus sich hat. All unser Leben erhalten wir ausschließlich von Gott.

Es hat der göttlichen Liebe und Weisheit gefallen, Lebewesen in das Dasein zu stellen, die in der Endlichkeit das Göttliche in sich aufnehmen können und dadurch zu Aufnahmegefäßen des Lebens werden. Allerdings weiß der Mensch aus sich selbst nicht, dass er "nur" solch ein Aufnahmegefäß ist. Er glaubt, dass er aus sich selbst sein Leben hat. Dies wird ihm ja auch von allen Seiten bestätigt, denn unter "Leben" wird meist die biologische Funktion des materiellen Körpers verstanden und ist der Körper erst einmal tot, dann ist es mit dem Leben des Menschen vorbei. Zumal die meisten Menschen in der gebildeten Welt nicht daran glauben, dass es ein Leben nach dem Tod gibt.

Durch Emanuel Swedenborg kann man erfahren, dass der Mensch nicht aus sich selbst lebt, sondern dass er sein Leben aus Gott hat.

---

[5] »GLW« Nr. 4

Dieses Leben ist aber nicht unmittelbar aus Gott, denn aus Uner-schaffenem, Unendlichem, dem Sein selbst und dem Leben selbst, kann niemand unmittelbar geschaffen werden, weil das Göttliche eine unteilbare Einheit ist. Es gibt nur einen unendlichen Gott und dieser ist nicht teilbar. Wäre Er teilbar, so würde mit zunehmender Anzahl von Menschen und Engeln Gott weniger werden und dies würde sich mit der Unendlichkeit Gottes nicht vereinbaren lassen.

Aus dieser Tatsache schließt Swedenborg, dass der Mensch aus Geschaffenem und Endlichem besteht, das so gebildet ist, dass das Göttliche in ihm wohnen kann. Gott ist zwar die Ursache und der Erhalter für den aus Geschaffenem und Endlichem bestehenden Menschen, der Mensch ist aber nur mittelbar aus Gott. Wäre er un-mittelbar aus Gott, so wäre er ein Teil Gottes und somit selbst Gott.

Nun stellt sich natürlich die Frage: Aus welchen Materialien hat denn Gott seine Schöpfung gestaltet? Woher hat er die Materie ge-nommen aus denen unsere Welt besteht? Um Antworten auf diese Fragen finden zu können, mochte ich kurz auf die Tatsache einge-hen, dass das göttliche Urwesen aus Liebe und Weisheit besteht.

Dass Gott das einzige wirkliche Leben und somit die einzige wirkli-che Liebe ist, haben wir bereits erfahren. Die Liebe Gottes kann aber nur dann schöpferisch in Erscheinung treten, wenn in Gott auch die vollendete Weisheit besteht. In dem Werk »Göttliche Vor-sehung« schreibt Swedenborg:

„... die Liebe kann ohne die Weisheit nichts tun, und die Weisheit nichts ohne die Liebe; denn es kann die Liebe ohne die Weisheit, oder der Wille ohne den Verstand nichts denken, ja nichts sehen und empfinden, und nichts reden, weshalb auch die Liebe ohne die Weisheit oder der Wille ohne den Verstand nichts tun kann; in glei-cher Weise kann auch die Weisheit ohne die Liebe oder der Ver-stand ohne den Willen nichts denken, und nichts sehen und empfin-den, ja auch nichts reden; weshalb auch die Weisheit ohne die Liebe oder der Verstand ohne den Willen nichts tun kann; denn wenn ihnen die Liebe weggenommen wird, so ist kein Wollen, mithin auch kein Handeln mehr da."[6]

Dieses Zitat zeigt recht deutlich, dass in Gott die vollendete Liebe und die vollendete Weisheit walten müssen. Denn die göttliche Liebe wäre ohne die göttliche Weisheit nicht in der Lage, all die wunderbaren Schöpfungen in das Dasein zu stellen und zu erhalten. Und die göttliche Weisheit würde ohne die göttliche Liebe keinerlei Impulse bekommen, um schöpferisch tätig zu werden. Diese beiden bedingen einander so sehr, dass man ohne Weiteres sagen kann, dass es keine Liebe ohne die Weisheit und keine Weisheit ohne die Liebe gibt; weshalb die Liebe nur dann bestehen kann, wenn sie in der Weisheit ist. Diese beiden sind so sehr eins, dass man sie zwar gedanklich, nicht aber in der Realität unterscheiden kann, man könnte auch sagen, dass sie 'unterscheidbar Eines' sind. In der »GLW«, Nr. 34, kann man dazu lesen:

„Man könnte auch sagen, dass das göttliche Sein die göttliche Liebe ist und das göttliche Dasein die göttliche Weisheit. Beide sind unterscheidbar Eins, denn Liebe und Weisheit sind zwar verschieden, aber die Liebe ist in der Weisheit, und die Weisheit hat ihr Dasein in der Liebe, und weil die Weisheit ihr Dasein aus der Liebe nimmt, so ist auch die göttliche Weisheit das Sein, woraus folgt, dass Liebe und Weisheit zusammengenommen das göttliche Sein sind, unterschieden genommen hingegen heißt die Liebe das göttliche Sein und die Weisheit das göttliche Dasein."

Mit dieser etwas kompliziert ausgedrückten Formulierung möchte Swedenborg darlegen, warum in Jehova Gott Liebe und Weisheit die vorherrschenden Kräfte sind. Durch seine Kontakte mit Geistern, welche sich in himmlischen Gefilden aufhielten, durfte er erfahren, dass die Liebe das Leben eines jeden Lebewesens ausmacht. Und da Gott das einzige Leben überhaupt ist, ist Er die einzige wirkliche Liebe, das einzige wirkliche Sein. Damit die göttliche

---

[6] »Die Weisheit der Engel betreffend die göttliche Vorsehung«, Nummer 3

Liebe zur schöpferischen Wirkung gelangen kann, bedarf es der Weisheit, denn solange der aus der Liebe entspringende Wille kein Werkzeug hat, um die Wünsche der Liebe umzusetzen, solange würde sich die Liebe nicht ausdrücken können. Erst durch die göttliche Weisheit kann das göttliche Sein der göttlichen Liebe ihre Wünsche in das Dasein stellen. Beide bedingen einander, die göttliche Liebe könnte ohne die göttliche Weisheit nicht bestehen und die göttliche Weisheit würde ohne die göttliche Liebe nicht existieren.

Dies ist vielleicht vergleichbar mit dem menschlichen Gemüt. Auch dort gibt es das Zusammenspiel zwischen der Liebe und der Weisheit. Der aus der Liebe entspringende Wille braucht die Weisheit des Verstandes um die Wünsche der Liebe verwirklichen zu können. Meint die Liebe des Menschen z. B., dass nur ein neues Auto das Lebensgefühl verbessern kann, dann wird der Wille nichts unversucht lassen, um den Verstand so zu lenken, dass er alle Informationen zusammenträgt, um den Kauf eines Autos in die Wege leiten zu können. Ohne den aus der Liebe entsprungenen Willensimpuls wäre der Verstand niemals auf die Idee gekommen, die notwendige Weisheit zu erlangen, die zum Kauf eines Autos erforderlich ist. Und ohne die Weisheit des Verstandes hätte der Wille keine Möglichkeit den Wunsch der Liebe zu erfüllen. Die Liebe und der Verstand des Menschen bedingen einander so sehr, dass man beide zwar unterscheiden kann, sie aber letztendlich eine Einheit ausmachen.

Das Gleiche gilt im vollkommenen Maße auch für Gott. Liebe und Weisheit sind die Kräfte in Jehova Gott, die das göttliche Sein ausmachen. Nur im innigen Zusammenspiel zwischen der göttlichen Liebe und der göttlichen Weisheit kann Gott schöpferisch tätig werden.

Um aber schöpferisch tätig werden zu können, benötigt Gott Substanzen, die Er Seinen Ideen gemäß strukturieren kann. Das ist vergleichbar mit einem Töpfer, der ohne die Substanz Ton nicht in der Lage wäre, seine kunstvoll geformten Krüge herzustellen. Im Gegensatz zum Töpfer kann Gott natürlich nicht auf bereits vorhandene Substanzen zurückgreifen, ganz im Gegenteil, Er muss die Substanzen zunächst einmal erschaffen und in eine Form bringen, die es der Substanz erlaubt zu existieren.

Die Ursubstanz, aus der alles im Universum - egal ob im Materiellen oder Geistigen - besteht, ist laut Emanuel Swedenborg die göttliche Liebe und die göttliche Weisheit. So schreibt er in der Nummer 40, von der »GLW«: „Die göttliche Liebe und die göttliche Weisheit ist Substanz und ist Form" und führt dann aus:

„Die Vorstellung gewöhnlicher Menschen von der Liebe und Weisheit ist die von etwas gleichsam in dünner Luft oder im Äther Fliegendem und Fließendem oder auch wie vom Aushauch aus etwas dieser Art; kaum denkt jemand, dass sie wirklich in der Tat Substanz und Form sind, betrachten sie doch Liebe und Weisheit als außerhalb ihres Trägers befindlich und als aus ihm hervorgehend, und was sie außerhalb des Trägers als aus demselben hervorfließend - obschon als etwas Flüchtiges und Fließendes - betrachten, das nennen sie auch Substanz und Form, weil sie nicht wissen, dass Liebe und Weisheit der Träger selbst sind und dass dasjenige, was man außerhalb desselben als etwas Luftiges und Flüssiges gewahrt, nur eine Scheinbarkeit des Zustandes des Trägers an sich ist. Der Ursachen, warum man dies bis anhin nicht sah, gibt es mehrere. Hierunter gehört die, dass die Scheinbarkeiten das Erste sind, aus dem das menschliche Gemüt seinen Verstand bildet und dass es diese nicht anders beheben kann, als mittels Erforschung der Ursache und dass es, wenn die Ursache tief liegt, solche nicht erforschen kann, wenn es nicht den Verstand lang in geistigem Lichte hält, in welchem es aber den Verstand nicht lange halten kann wegen des natürlichen Lichtes, welches unausgesetzt ablenkt. Die Wahrheit ist jedoch, dass Liebe und Weisheit wirklich und tatsächlich Substanz und Form sind, welche den Träger selbst bilden."

Die Behauptung Swedenborgs, dass die Liebe und die Weisheit Gottes Substanz und Form sind, aus der letztendlich auch die materielle Schöpfung besteht, ist für uns, die wir es gewöhnt sind, in Raum und Zeit zu denken, sicherlich auf den ersten Blick etwas schwierig zu verstehen. Deshalb sollten wir den Hinweis Swedenborgs in der »Göttlichen Liebe und Weisheit«, Nr. 51, berücksichtigen, dass das Göttliche nicht in Zeit und Raum zu verstehen ist. Bei der Auseinandersetzung mit den innergöttlichen Vorgängen, die letztendlich zur Entstehung des Universums geführt haben, müssen wir bedenken, dass die Ursachen bereits gewirkt haben, bevor es überhaupt Raum und Zeit gab. Denn Raum und Zeit sind ja erst dann in Erscheinung getreten, als die Materie ihr Dasein begann. In der geistigen Welt, in der es keine Materie gibt, gibt es weder Raum noch Zeit, auch wenn es uns bei der Lektüre von Jenseitsberichten oft so erscheint, dass sich die Bewohner der geistigen Welt in einer Matrix von Raum und Zeit bewegen. Bei diesen Berichten handelt es sich um eine entsprechungsmäßige Transformation geistiger Zustandsbeschreibungen in eine für uns, die wir in Zeit und Raum leben, verständliche Sprache. Nur über die Lehre der Entsprechungen ist es uns möglich, eine Ahnung von dem zu erlangen, was in der geistigen Welt vor sich geht.

Mit diesen Gedanken im Hinterkopf möchte ich mich nun der Substanz zuwenden, aus der das ganze Universum erschaffen ist und die der göttlichen Liebe und Weisheit entspringt. Die Substanzen, aus der die geistige und die materielle Welt bestehen, befindet sich innerhalb der Gottheit und besteht aus den Gedanken und Ideen, welche aus der göttlichen Liebe und Weisheit ihren Gehalt und ihre Form erhalten.

Natürlich ist es für uns, die wir in Raum und Zeit leben, kaum nachzuvollziehen, dass all die Substanzen, aus denen die Schranktür besteht, an der wir uns gerade den Kopf gestoßen haben, "nur" Gedanken Gottes sind. Andererseits ist es aber auch nicht unbedingt nachvollziehbar, wenn wir daran denken, dass die Atome, aus denen diese Tür besteht, im Grunde genommen fast nur aus leerem Raum bestehen, in dem sich in einer unglaublichen Geschwindigkeit irgendwelche Energiepotenziale in Kreisbahnen bewegen. Bei genauerem Nachdenken löst sich unsere meist sehr fest und hart erscheinende materielle Welt in ein gewaltiges Energiepaket auf, welches nach für uns meist nicht nachvollziehbaren Gesetzmäßigkeiten funktioniert.

Diese aus der göttlichen Liebe entspringende Energie ist letztendlich die Substanz, aus der unsere Materie besteht. Sie wird durch die göttliche Weisheit so in eine Form gebracht, dass man mit Recht sagen kann, dass die göttliche Liebe und die göttliche Weisheit die Substanz und die Form sind, aus der alles im ganzen Universum besteht. Oder um mit Swedenborg zu sprechen:

„Aus dem Gesagten lässt sich zunächst ersehen, dass die göttliche Liebe und die göttliche Weisheit in sich Substanz und Form sind, denn sie sind das Sein und das Dasein selbst; wären sie nicht ein solches Sein und Dasein, wie sie Substanz und Form sind, so wären sie bloß ein Gedankending, welches in sich kein Etwas ist."[7]

Mit anderen Worten, die Tatsache, dass es uns gibt und wir tagtäglich die harte Realität der Materie in der Form von Schranktüren und Ähnlichem erfahren müssen, ist ein Beleg dafür, dass die göttliche Liebe und die göttliche Weisheit in sich Substanz und Form sind. Alles Erschaffene und somit Endliche hat seine Existenz aus diesen beiden. Den Umstand, dass die Substanzen und die Formen all dessen, was uns im Alltag begegnet, aus der göttlichen Liebe und Weisheit entspringen, könnte man vielleicht nachempfinden, wenn wir an einen sehr intensiven Traum denken. Alles was wir dort erleben, sehen, fühlen, schmecken und riechen hat seine Substanz und Form aus unserer Liebe und Weisheit. Aber dennoch sind sie für uns während des Traumes absolut real, sodass es bisweilen vorkommen kann, dass ein intensiver Traum später in der Erinnerung als wirklich erlebt empfunden wird.

---

[7] »GLW« Nr. 43

Die Dinge in unserem Traum haben natürlich kein Leben in sich, sie sind von unserer Liebe und unserem Verstand erschaffen und von daher unbeseelt und tot. Sie erhalten ihr meist sehr kurzes Leben aus unserer Liebe und werden durch sie beseelt und belebt. Nach dem Aufwachen verlieren sich die Substanzen und Formen unserer Traumwelt und geraten meist in Vergessenheit.

Ganz anders verhält es sich bei Gott. Seine Gedanken und Ideen können niemals im hellsten Selbstbewusstsein der göttlichen Liebe und Weisheit vergessen werden. Alle Gedanken und Ideen, welche einmal in Gott aus dem Zusammenspiel von Liebe und Weisheit geboren wurden, bleiben für immer und ewig bestehen. Wobei zu bedenken ist, dass Seine aus der göttlichen Liebe und Weisheit entspringenden Gedanken und Ideen zwar Substanz und Form haben, aber an sich unbeseelt und tot sind. Denn dieser Substanz und Form haftet die Endlichkeit an und ihr fehlt somit die göttliche Vollkommenheit.

Der Gedanke wird vielleicht dadurch etwas deutlicher, wenn wir bedenken, dass die Dinge in unseren Träumen ja auch keinen Bestand haben. Wachen wir auf, sind sie weg. Bei Gott ist dies insofern anders, als dass alles aus Seinen Gedanken und Ideen Geschaffene in Ihm selbst ist und durch den göttlichen Willen fixiert wird. Dadurch bekommt das von Ihm Geschaffene zum einen Form und Substanz und enthält zum anderen Göttliches. In der »GLW«, Nr. 53, beschreibt Swedenborg dies wie folgt:

„Von dem Erschaffenen und Endlichen kann man zwar sagen, dass es sei und sein Dasein habe, dann dass es Substanz und Form, sowie auch Leben, ja Liebe und Weisheit sei, aber alles dieses ist erschaffen und endlich.
Der Grund, warum man so sagen kann, ist nicht, dass es etwas Göttliches hätte, sondern dass es im Göttlichen ist und dass das Göttliche in ihm ist: denn alles, was erschaffen ist, ist an sich unbeseelt und tot; es wird aber beseelt und belebt dadurch, dass das Göttliche in ihm ist und es im Göttlichen."

Alles was Gott erschaffen hat, sei es geistiger Natur oder sei es materieller Natur ist an sich unbeseelt und tot. Dies ist vergleichbar mit einem Bildhauer, der mit seinen Werkzeugen aus einem groben Felsklumpen eine Statue herausmeißeln will. Zunächst einmal wird er sich in seiner Fantasie ausmalen, wie diese Figur aussehen könnte. Er wird sich Skizzen anfertigen, Anatomiestudien durchführen und so wird die zu gestaltende Figur nach und nach in seinem Gemüt immer plastischer und deutlicher werden. In seinen Träumen wird die Skulptur lebendig werden und er weiß ganz genau, wie die Plastik aussehen wird. Nachdem die Statue in seinem Gemüt perfekt ausgestaltet ist, macht er sich ans Werk und nach langer intensiver Arbeit ist es ihm gelungen, ein wunderschönes Standbild herzustellen. Obwohl diese Figur an Natürlichkeit und Schönheit kaum noch zu übertreffen ist und man sich geradezu in sie verlieben könnte, ist sie dennoch unbeseelt und tot.

Ganz anders ist es bei Gott, wenn Er etwas in das Dasein stellt. Seine endlichen Schöpfungen sind für sich genommen auch unbeseelt und tot, denn sie hatten einen Anfang, sind somit Endlich und haben von daher nichts Göttliches an sich. Dadurch aber, dass die Substanzen, aus denen Seine Werke bestehen, der Ausfluss Seiner Göttlichen Liebe und Weisheit sind, befinden sich Seine Werke in Ihm. Das bedeutet, dass sich die Substanzen, aus denen Seine endlichen Schöpfungen bestehen, nicht außerhalb, sondern innerhalb von Gott befinden und da Gott das Leben selbst ist, in dem nichts Unbeseeltes existieren kann, befindet sich auch Göttliches im Erschaffenen und Endlichen.

Oder mit anderen Worten ausgedrückt, das für uns unendlich erscheinende Weltall konnte Gott nur in sich selbst vermittels Seiner Liebe und Weisheit erschaffen. Denn Gott ist das Sein selbst, Er ist Alles in Allem und alles was ist, sei es in der geistigen Welt oder sei es in der materiellen Welt, hat seine Existenz aus diesem Sein. Da Gott unendlich ist, kann nichts außerhalb von Gott bestehen, denn dies würde bedeuten, dass Gott nicht unendlich ist. Andererseits beinhaltet das in Gott aus Seiner Liebe und Weisheit Erschaffene Endliches und somit kein Leben. Denn nur in Gott ist das Leben, wäre im Erschaffenen Leben, dann wäre es ein eigenständiges Leben und somit Gott. Dies wiederum kann deshalb nicht sein, weil nur in Gott das wahre Leben ist. Swedenborg beschreibt dies mit folgenden Worten:

„Es ist bekannt, dass alles und jedes im Weltall von Gott erschaffen ist, daher das Weltall mit allem und jedem in ihm im Wort[8] ein Werk der Hände Jehovas heißt. Man sagt, die Welt in ihrem Inbegriff sei aus Nichts erschaffen, und von dem Nichts hat man die Vorstellung eines völligen Nichts, während doch aus dem völligen Nichts nichts wird, noch etwas werden kann. Dies ist eine ausgemachte Wahrheit, weshalb das Weltall, welches ein Bild Gottes, und daher voll Gottes ist, nur in Gott aus Gott erschaffen werden konnte; denn Gott ist das Sein selbst, und aus dem Sein muss das sein, das ist; aus dem Nichts, das nicht ist, erschaffen was ist, ist völlig widersprechend. Gleichwohl jedoch ist das in Gott aus Gott Erschaffene nicht ein Stetiges [continuum] von Ihm, denn Gott ist das Sein an Sich, und im Erschaffenen ist kein Sein an sich; wäre in dem Erschaffenen ein Sein an sich, so wäre es ein Stetiges von Gott, und ein Stetiges von Gott ist Gott.“[9]

Alles, was uns in unserem Leben begegnet, sei es geistiger oder sei es materieller Natur, sind durch den göttlichen Willen fixierte Gedanken und Ideen, welche aus der göttlichen Liebe und Weisheit fließen. Diese Gedanken und Ideen befinden sich in Gott, sie sind aber nicht Gott selbst, da sie als ein Produkt Seiner Liebe und Weisheit endlicher Natur sind. Das ist vergleichbar mit unseren Gedanken und Ideen, die ja auch nur ein Produkt unseres Gemüts darstellen und nicht wir selbst sind. Erst wenn wir unseren Gedanken Taten folgen lassen, werden sie gewisserart mit Leben versehen. Erwecken wir unsere Gedanken nicht zum Leben, so verfliegen sie und geraten in Vergessenheit.

---

[8] Swedenborg verwendet häufig für die Bibel den Ausdruck Wort.
[9] »GLW« Nr. 55

Bei Gott ist dies insofern anders, als dass Er zum einen aufgrund seines hellsten Bewusstseins keinen Seiner Gedanken jemals vergessen kann und zum anderen alles von Ihm Erschaffene so beschaffen ist, dass es als ein Aufnahmegefäß Gottes fungiert und dadurch von Gott belebt wird. In der »GLW«, Nr. 56, schreibt Swedenborg:

„Alles Erschaffene ist vermöge dieses Ursprungs seiner Natur nach so beschaffen, dass es ein Aufnahmegefäß Gottes ist, nicht als ein stetig mit Ihm Zusammenhängendes, sondern als ein Ihn Berührendes; durch dieses und nicht jenes findet eine Verbindung statt, denn es ist übereinstimmend, weil es in Gott aus Gott erschaffen ist, und weil es so erschaffen ist, ist es eine Ähnlichkeit, und durch jene Verbindung ist es wie ein Bild Gottes im Spiegel."

Mit dieser etwas schwierig zu verstehenden Aussage, dass die Verbindung Gottes mit allem Erschaffen indirekter Natur ist, weil es in Gott aus Gott erschaffen ist, will Swedenborg meiner Meinung nach zum Ausdruck bringen, dass zum einen alles Erschaffene seine Substanz aus dem Ausfluss der göttlichen Liebe und Weisheit hat und somit kein eigenes Leben besitzt. Weil aber die Gedanken Gottes und somit auch Seine Schöpfungen nicht außerhalb von Ihm, sondern in Ihm Selbst sind, bestehen Seine Schöpfungen zwar gewisserart unabhängig von Ihm, behalten ihre Existenz aber nur dadurch, dass der göttliche Wille ständig in sie einfließt. Wenn also nicht ständig die aus der göttlichen Liebe und Weisheit gespeiste Lebensenergie selbst in den scheinbar unbedeutendsten Teil des Universums einfließen würde, könnte unsere Welt und somit auch wir nicht existieren. Aus diesem Blickwinkel gesehen, hat Swedenborg natürlich völlig recht, wenn er sagt: „dass alles in dem erschaffenen Weltall Aufnahmegefäß der göttlichen Liebe und der göttlichen Weisheit ist"[10].

---

[10] »GLW« Nr. 57

Alles Erschaffene erhält und behält seine Existenz durch das ständige Einfließen der göttlichen Liebe und der göttlichen Weisheit. Dies gilt in direkter Form für die unteren Schöpfungsebenen wie z. B. die Materie und in indirekter Form wie z. B. bei uns Menschen oder den Engeln.

So sind Engel nicht aus sich heraus Engel, sondern sie sind deshalb Engel, weil sie das aus der göttlichen Liebe entspringende Gute und das aus der göttlichen Weisheit entspringende Wahre in sich aufnehmen. Diese Aufnahme geschieht der göttlichen Ordnung gemäß durch die von Gott an die Engel verliehene Fähigkeit in der Willensfreiheit, nach der Vernunft zu denken und zu wollen. Diese göttliche Gabe der Willensfreiheit ist auch uns Menschen zu eigen. Wir denken und handeln mit dem Gefühl, als wenn unser Leben, unsere Liebe und unsere Weisheit aus uns selbst wären. Nur wenn sich unser Verstand für den Einfluss der göttlichen Liebe öffnet, können wir erkennen, dass wir letztendlich kein eigenes Leben haben sondern "nur" Aufnahmegefäße der göttlichen Liebe und der göttlichen Weisheit sind.

Laut Emanuel Swedenborg ist alles im Weltall solch ein Aufnahmegefäß. So fließt die göttliche Liebe und Weisheit nicht nur in den Menschen, sondern auch in das Tier-, Pflanzen- und das Mineralreich ein. Diese drei Reiche sind so miteinander verwoben, dass die Nutzzwecke der einzelnen Reiche stufenweise vom Mineralreich über das Pflanzen und dem Tierreich bis zum Menschen und darüber hinaus bis zu Gott aufsteigen. In der »GLW«, Nr. 65, formuliert Swedenborg dies wie folgt:

„Die Nutzzwecke aller Dinge, welche erschaffen worden, steigen stufenweise auf vom Untersten zum Menschen und durch den Menschen hindurch zu Gott, dem Schöpfer, von dem sie ausgegangen sind."

Wobei Swedenborg unter dem Untersten das Mineralreich versteht, dessen Nutzen darin besteht, in kleinster staubähnlicher Form der

Pflanzenwelt gewisserart als Nahrungsquelle zu dienen. Durch den stetigen Kreislauf des Wassers, des Windes und der Jahreszeiten werden im Laufe der Zeit selbst ganze Gebirgsketten langsam aber stetig in ihre kleinsten Bestandteile aufgelöst. Die im Wasser gelösten Lebenssubstanzen des Mineralreiches werden durch die Wurzeln der Pflanzen aufgenommen und dienen so als Baumaterial für das pflanzliche Leben. Daraus folgt, dass der Endzweck des Mineralreichs darin besteht, sich so aufzulösen, dass es von der Pflanzenwelt aufgenommen werden kann und so in ein höheres Lebenspotenzial übergeht.

Unter dem Mittleren versteht Swedenborg das Pflanzenreich, dessen Nutzen darin besteht, das Leben aus dem Mineralreich zu sammeln und in potenzierter Form der Tierwelt zur Verfügung zu stellen. Das durch die Wurzeln aufgenommene Leben des Mineralreichs wird durch die Pflanzen in ein komplexeres und freieres Leben überführt. Daraus folgert Swedenborg, dass der Endzweck des Pflanzenreiches darin besteht, dass es durch sein in pflanzlicher Materie gebanntes Leben die Körper der Tiere mit ihren Stoffen nähren, deren Sinne mit ihrem Geschmack, ihrem Geruch und ihrer Schönheit ergötzen und beleben soll.

Die obere Stufe der Lebenskonzentrierung stellt das Tierreich dar. Hier erreicht das durch Pflanzenfresser aufgenommene Leben nochmals eine Potenzierung, indem diese das in den Pflanzen angereicherte Leben des Mineralreichs weiter verdichten und konzentrieren. Die höchste Stufe der Lebenspotenzierung stellen die Fleischfresser dar. Sie füllen im Tierreich die Spitze der Nahrungspyramide aus, in dem sie das in den Pflanzenfressern angesammelte Leben auf eine noch höhere Ebene verdichten.

Im Menschen erreicht die Potenzierung des natürlichen Lebens seinen vorläufigen Höhepunkt. In ihm hat sich das Leben aus den einfachen Strukturen des Mineralreiches über das Pflanzen- und das Tierreich zu einer so komplexen Lebensstruktur zusammengefunden, dass er nach dem Ablegen des materiellen Körpers in der geistigen Welt weiterexistieren kann.

Der Mensch unterscheidet sich vom Tier dadurch, dass er nicht nur ein Aufnahmegefäß des Lebens aus der natürlichen Welt ist, er ist auch ein Aufnahmegefäß des Lebens aus der geistigen Welt. Daher kommt es, schreibt Swedenborg in der »GLW«, Nr. 66, dass sich der Mensch anders als jedes Tier über die Natur erheben kann. Er kann folgerichtig und vernünftig nachdenken über bürgerliche und sittliche Dinge, welche innerhalb der Natur sind, und kann auch nachdenken über geistige und himmlische Dinge, welche über der Natur sind, ja, er kann sich zur Weisheit erheben, bis er Gott schaut.

Als Resümee meiner bisherigen Betrachtungen möchte ich festhalten, dass die Substanzen, aus denen Gott das geistige sowie das materielle Universum geschaffen hat, aus dem Ausfluss seiner göttlichen Liebe und Weisheit bestehen. Die Substanzen Seiner Schöpfungen befinden sich in Gott selbst, weil nur Jehova die Unendlichkeit mit Seinem Sein ausfüllt und es kein Außerhalb der unendlichen Gottheit gibt. Obwohl diese Substanzen aufgrund der Tatsache, dass sie Endlich sind, nichts Göttliches an sich haben, sind sie doch in Gott und somit beseelt und belebt, denn Gott ist das Leben selbst und in Ihm kann nichts sein, dass ohne Leben wäre. Natürlich gibt es unterschiedliche Lebensintensitäten und Lebensqualitäten. Es macht doch sicherlich einen Unterschied, wenn man das Leben eines Granitfelsens auf dem tiefsten Meeresgrund mit dem Leben eines Engels im dritten Himmel vergleicht.

Nach Emanuel Swedenborg befindet sich die unterste Stufe des Lebens und der Lebensfreiheit im Mineralreich der Materie. In den Mineralien sind letztendlich alle Lebenselemente enthalten, die sich in den Organismen den Pflanzen, den Tieren und beim Menschen wiederfinden. Wobei Swedenborg den Begriff des Mineralreichs recht weit fasst. So gehören für ihn zum Mineralreich materielle Stoffe verschiedener Art, von steinerner, salziger, öliger, mineralischer, metallischer Substanz, überzogen mit einer Erde, bestehend aus vegetabilischen und mineralischen Stoffen, welche in den kleinsten Staub zerfallen. Ich denke Acker- oder Humuserde, welche ja ein Sammelsurium von Mineralien, Spurenelementen und organischen Verbindungen ist, würde in etwa dem entsprechen, was Swedenborg mit dieser Aufzählung meint.

Die göttlichen Lebenspunkte, welche sich in der untersten Stufe des Lebens in der Humuserde manifestieren, stellen die Grundlage für das materielle Leben dar (das Gleiche gilt natürlich auch analog hierzu für das Leben im Wasser). Die noch sehr stark in der starren Materie des Minerals gebundenen Lebensimpulse werden durch die Pflanzen potenziert und sind schon um einiges freier als sie es z. B. in einem Kieselstein jemals waren. Durch die Tiere erfolgt eine weitere Potenzierung des Lebens und der Freiheit dieses Lebens und im Menschen findet sich die maximale Lebenspotenzierung und Freiheit der ehemals so unfreien mineralischen Lebensimpulse wieder.

Nun stellt sich natürlich die Frage: Weshalb betreibt Gott solch einen immensen Aufwand, um die im Mineralreich fest eingebundenen Lebensimpulse der aus der Göttlichen Liebe und Weisheit entspringenden Substanzen über das Pflanzen- und Tierreich zu einer größtmöglichen Freiheit im Menschen hinzuentwickeln? Welchen Nutzen oder welchen Zweck soll diese Potenzierung des Lebens und der Freiheit haben? In der »GLW«, Nummer 170, schreibt Swedenborg hierzu Folgendes:

„Der allumfassende Endzweck oder der Endzweck aller Teile der Schöpfung ist der, dass eine ewige Verbindung des Schöpfers mit dem erschaffenen Weltall sei, und diese ist nicht möglich, wenn es keine Träger gibt, in welchen Sein Göttliches wie in sich sein, in denen es also wohnen und bleiben kann. Diese Träger müssen, damit sie Seine Wohnungen und Bleibestätten seien, Seine Liebe und Weisheit wie aus sich aufnehmen können, sie müssen also wie von selber sich zum Schöpfer erheben, und sich mit Ihm verbinden können; ohne dieses Gegenseitige gibt es keine Verbindung. Diese Träger sind die Menschen, welche sich wie von selber erheben und verbinden können.

... Durch diese Verbindung ist der Herr gegenwärtig in jedem von Ihm erschaffenen Werk; denn alles Erschaffene ist am Ende um des Menschen willen da; weshalb die Brauchbarkeit alles dessen, was erschaffen worden, stufenweise aufsteigt vom Untersten zum Menschen, und durch den Menschen zu Gott, dem Schöpfer, von dem es erschaffen worden, ..."

Der Endzweck der Schöpfung ist also der Mensch, dessen in der Schöpfung einzigartige Fähigkeit darin besteht, mit dem Schöpfer aller Dinge eine freiwillige Verbindung eingehen zu können. Durch diese Verbindung kann das Göttliche des Schöpfers in Seine Schöpfung einfließen. Der Mensch (bzw. das aus ihm rekrutierende Engelgeschlecht) ist gewissermaßen der Kanal, durch den die ständig ausströmende göttliche Liebe und Weisheit in all seine von Ihm erschaffenen Werke einfließen kann. Swedenborg bestätigt dies, indem er schreibt:

„Durch diese Verbindung ist der Herr gegenwärtig in jedem von Ihm erschaffenen Werk; denn alles Erschaffene ist am Ende um des Menschen willen da; weshalb die Brauchbarkeit alles dessen, was erschaffen worden, stufenweise aufsteigt vom Untersten zum Menschen, und durch den Menschen zu Gott, dem Schöpfer, von dem es erschaffen worden, ..."

Durch die freiwillige Zuwendung des Menschen zur göttlichen Liebe und Weisheit wenden sich natürlich auch die für unser Zahlenverständnis unendlich vielen aus dem Mineralreich entnommenen Kleinstleben Gott zu und erfahren dadurch die Gegenwart des Herrn.

So gesehen sind die Menschen und das aus ihnen hervorgehende Engelgeschlecht wie Lebenssammelpunkte, durch die das in alle Unendlichkeit ausstrahlende Leben Gottes stufenweise vom Mineralreich über das Pflanzen- und Tierreich bis zum Menschen aufsteigt und in konzentrierter und gereinigter Form zum Schöpfer zurückkehrt. In der »GLW«, Nummer 171, schreibt Swedenborg hierzu:

„... dass das erschaffene Weltall in dem gemeinsamen Fortschreiten zum letzten Zweck beziehungsweise der mittlere Zweck ist; denn aus dem Erdboden werden von dem Herrn, dem Schöpfer, unausgesetzt Formen der Brauchbarkeit, der Ordnung nach, aufgezogen bis zum Menschen, welcher seinem Körper nach auch daher stammt. Der Mensch wird hernach durch die Aufnahme der Liebe und Weisheit vom Herrn erhoben; und damit er Liebe und Weisheit in sich aufnehmen könne, sind alle Mittel vorgesehen worden. Er ist auch so geschaffen, dass er aufnehmen kann, wenn er nur will.
Aus dem nun Gesagten kann man sehen, obgleich nur erst im Allgemeinen, dass der Endzweck der Schöpfung im Untersten sein Dasein hat und darin besteht, dass alles zum Schöpfer zurückkehre und dass eine Verbindung sei."

Durch die vom Herrn eingesetzten Naturkreisläufe werden die kleinsten im Erdboden befindlichen Lebenselemente zu immer höheren Lebensqualitäten weitergebildet. Denken wir nur an den Wasserkreislauf, ohne den diese aufsteigende Lebensentwicklung gar nicht möglich wäre. Das durch den Regen in das Erdreich eindringende Wasser löst die im Boden befindlichen Mineralien auf und ermöglicht es so den Pflanzen, über ihre Wurzeln die ihnen zuträglichen Lebenselemente aufzunehmen und in ihren Pflanzenleibern zu speichern. Auch bei den höheren Lebenskonzentrationsstufen, den Tieren, übernimmt das Wasser beim Transport der Lebenselemente zu den einzelnen Organen eine nicht unerhebliche Rolle. So besteht z. B. das Blutplasma des Menschen zu ca. 90% aus Wasser. Mit der Hilfe des Wassers werden von Gott aus dem Erdboden unausgesetzt Formen der Brauchbarkeit, der Ordnung nach, aufgezogen bis zum Menschen, welcher seinem Körper nach auch von dort stammt.

Diesen ganzen Aufwand treibt Gott ausschließlich um des Menschen willen, denn Swedenborg schreibt ja ganz deutlich, dass von Gott alle Mittel vorgesehen worden sind, damit der Mensch Liebe und Weisheit in sich aufnehmen kann. Dies kann der Mensch aber nur, wenn die kleinsten Lebenssubstanzen zu der hochverdichteten Form unseres Körpers entwickelt wurden. Nur mit diesem Körper ist es möglich, unseren Weg über die Erde zu gehen. Der Gang des Menschen über diese Erde ist der Endzweck des erschaffenen Weltalls, denn nach dem Ablegen der sterblichen Hülle kann der Mensch und mit ihm eine Unzahl von geläuterten Kleinstlebenssubstanzen als Engel zu Gott zurückkehren.

Ich finde es wunderbar, mit wie viel Liebe und Weisheit Gott seine Schöpfung bis in das kleinste Detail ausgestattet hat. Alles, vom kleinsten, im unscheinbaren Staub verborgenen Lebensimpuls bis hin zu den unvorstellbar großen Sonnen im Universum dient dazu, dass der Mensch seinen Weg zu Gott gehen kann. Alles, was uns in der Natur begegnet, hat in seinem Endzweck hauptsächlich die Aufgabe, das Leben für die nächste Lebensstufe zu konzentrieren, um so Stufe für Stufe die Grundvoraussetzung für unser Dasein zu schaffen. Und wir Menschen stellen in diesem unglaublich komplexen und gleichermaßen faszinierenden Prozess die Krönung der natürlichen Schöpfung dar. Bis zum menschlichen Körper sind die in der Natur zu beobachtenden Lebenskonzentrationsprozesse mehr oder weniger durch weise göttliche Naturgesetze vorgegeben. Der Mensch selbst stellt dagegen eine neue Dimension innerhalb der Lebenskonzentration dar, denn ihm ist von Gott die Fähigkeit zur Aufnahme der Liebe und Weisheit geschenkt worden. Diese Fähigkeit erhebt den Menschen über die natürliche Welt und eröffnet ihm so die Möglichkeit, ein Bewohner der geistigen Welt zu werden.

Diese recht komplexen Zusammenhänge möchte ich im folgenden Kapitel noch etwas veranschaulichen.

Die Lehre von den Graden

Wenn man an einem schönen sonnigen Frühlingstag durch einen naturbelassenen Park spazieren geht und die uns umgebene Natur genau betrachtet, dann kann man beobachten, wie die einzelnen Naturreiche ineinander greifen und so zum Überleben des jeweils höheren Naturreiches beitragen.

Da ist das kleine Moospflänzchen, das sich an der Steinstufe festkrallt und dem Stein die notwendigen Mineralien entzieht, die es zum Leben benötigt. Da sind die jenseits der Parkwege überall grünenden und blühenden Pflanzen, die ihre wunderbare Blütenpracht nur deshalb entfalten können, weil sie mit ihren Wurzeln die ihnen zusagende Nahrung aus der dem Mineralreich zugehörigen Erde entziehen.

Die ersten in der Luft summenden Hummeln können nur deshalb ihrem nicht immer leichten Tagwerk nachgehen, weil sie sich von dem Nektar der Pflanzen ernähren und so ganz nebenbei für die Befruchtung der Blumen sorgen. Die mit dem Bauen ihrer Nester beschäftigten Vögel beziehen ihr Nistmaterial und ihre Nahrung meist aus dem Pflanzenreich, und das auf der Lehne einer Parkbank sitzende Eichhörnchen hat den harten Winter auch nur dadurch überleben können, weil ihm von dem einen oder anderen Parkbesucher die dem Pflanzenreich zugehörigen Nüsse spendiert wurden.

Überall ist zu beobachten, wie die Lebewesen letztendlich ihre Lebensenergie von dem jeweils niederen Naturreich beziehen. Natürlich können wir uns aus unserer sinnlichen Erfahrung heraus kaum vorstellen, dass in einem Stein oder Felsbrocken Leben sein soll, das es einer Steinflechte oder einer Moospflanze ermöglicht, ihr Dasein zu fristen. Wenn wir allerdings bedenken, dass ja die gesamte Schöpfung aus den Substanzen der Göttlichen Liebe und Weisheit zusammengesetzt ist, und somit in jedem noch so kleinsten Materieteilchen göttliche Liebe, Weisheit und Leben enthalten ist, dann können wir schon erahnen, dass in so einem für unsere Augen totaussehenden Felsbrocken eine unglaubliche Menge an göttlichem Leben enthalten sein muss.

Die Tier-, Pflanzen- und Mineralreiche sind so miteinander verwoben, dass die Nutzzwecke der einzelnen Reiche stufenweise vom Mineralreich über das Pflanzen und Tierreich bis zum Menschen und darüber hinaus bis zu Gott aufsteigen. In der »GLW«, Nr. 65, formuliert Emanuel Swedenborg dies wie folgt:

„Die Nutzzwecke aller Dinge, welche erschaffen worden, steigen stufenweise auf vom Untersten zum Menschen und durch den Menschen hindurch zu Gott, dem Schöpfer, von dem sie ausgegangen sind."

Wobei Swedenborg unter dem Untersten das Mineralreich versteht, dessen Nutzen darin besteht, in kleinster staubähnlicher Form der Pflanzenwelt als Nahrungsquelle zu dienen. Durch den stetigen Kreislauf des Wassers, des Windes und der Jahreszeiten werden im Laufe der Zeit selbst ganze Gebirgsketten langsam aber stetig in ihre kleinsten Bestandteile aufgelöst. Die im Wasser gelösten Lebenssubstanzen des Mineralreiches werden durch die Wurzeln der Pflanzen aufgenommen und dienen so als Baumaterial für das pflanzliche Leben. Daraus folgt, dass der Nutzzweck des Mineralreichs darin besteht, sich so aufzulösen, dass es von der Pflanzenwelt aufgenommen werden kann und so in ein höheres Lebenspotenzial übergeht.

Unter dem Mittleren versteht Swedenborg das Pflanzenreich, dessen Nutzen darin besteht, das Leben aus dem Mineralreich zu sammeln und in potenzierter Form der Tierwelt zur Verfügung zu stellen. Das durch die Wurzeln aufgenommene Leben des Mineralreichs wird durch die Pflanzen in ein komplexeres und freieres Leben überführt. Daraus folgert Swedenborg, dass der Nutzzweck des Pflanzenreiches darin besteht, dass es durch sein in pflanzlicher Materie gebanntes Leben die Körper der Tiere mit ihren Stoffen nähren, deren

Sinne mit ihrem Geschmack, ihrem Geruch und ihrer Schönheit ergötzen und beleben soll.

Die obere Stufe der Lebenskonzentrierung stellt das Tierreich dar. Hier erreicht das durch Pflanzenfresser aufgenommene Leben nochmals eine Potenzierung, indem diese das in den Pflanzen angereicherte Leben des Mineralreichs weiter verdichten und konzentrieren. Die höchste Stufe der Lebenspotenzierung stellen die Fleischfresser dar. Sie füllen im Tierreich die Spitze der Nahrungspyramide aus, in dem sie das in den Pflanzenfressern angesammelte Leben auf eine noch höhere Ebene verdichten.

Im menschlichen Körper erreicht die Potenzierung des natürlichen Lebens seinen vorläufigen Höhepunkt. In ihm hat sich das Leben aus den einfachen Strukturen des Mineralreiches über das Pflanzen- und das Tierreich zu einer so komplexen Lebensstruktur zusammengefunden, dass er zum Träger einer Seele und eines Gemüts werden kann.

Diese kleine Exkursion in das Zusammenspiel des Mineral-, Pflanzen- und Tierreichs ermöglicht es mir nun, einige grundsätzliche Gedanken der swedenborgschen Gradlehre aufzuzeigen. In seinem Werk »Der Verkehr zwischen Seele und Leib« schreibt Swedenborg auf der Seite 78 Folgendes:

„Die Wissenschaft der Grade ist sozusagen der Schlüssel, die Gründe der Dinge aufzuschließen und in sie einzugehen. Ohne diese Wissenschaft lässt sich kaum irgendetwas Ursächliches erforschen, denn es erscheinen Objekte und Subjekte von beiderlei Welt ohne dieselbe so einerlei, als ob sich nichts bei ihnen fände, als was dem Auge sich darstellt, während eben dieses, im Vergleich zu dem, was im Inwendigen verborgen liegt, sich wie Eines zu Tausenden, ja wie zu Myriaden verhält. Das Inwendige, was nicht zutage liegt, lässt sich lediglich nicht aus seiner Hülle winden ohne Kenntnis der Grade. Denn es nimmt das Äußere seinen Lauf gegen das Inwendige, und, dieses hindurch, zum Innersten durch Grade, nicht durch stetigfortlaufende Grade, sondern durch abgesetzte Grade. ‚Stetigfortlaufende Grade' heißen die Abnahmen oder Entschwellungen vom Stärkeren zum Schwächeren oder vom Dichteren zum Dünneren, oder vielmehr wie die Anwachsungen oder Anschwellungen vom Schwächeren zum Stärkeren oder vom Dünneren zum Dichteren, ganz wie das Verhalten ist von Licht zu Schatten, oder von Wärme zu Kälte. Die ‚abgesetzten Grade' dagegen sind ganz andere, sie sind wie Vorangehendes, Nachgehendes und Letztes, und auch wie Absicht, Ursache und Wirkung. Diese heißen abgesetzte Grade darum, weil das Vorangehende für sich besteht, das Nachgehende für sich besteht und das Letzte für sich besteht, während sie jedoch zusammengenommen Eines machen."

Swedenborg möchte mit diesen Worten zum Ausdruck bringen, dass die Wissenschaft der Grade eine gute Möglichkeit darstellt, die Ursachen oder Antriebe aller Dinge in der natürlichen- aber auch in der geistigen Welt zu erforschen. Wenn wir also hinter die äußere Fassade unserer aus der Sinnenwelt entnommenen "Realitäten" schauen möchten, ist es von großem Vorteil, die Prinzipien dieser Lehre zu verstehen. Zumal es sich ja wirklich so verhält, dass wir mit unseren Sinnen nur das Endprodukt einer langen Reihe von Wirkungen wahrnehmen können und von den im Inneren verborgenen Ursachen meist keine Ahnung haben.

Swedenborg unterscheidet grundsätzlich zweierlei Arten von Graden, nämlich abgesetzte Grade auch Höhengrade genannt und stetigfortlaufende Grade, auch Breitengrade genannt. Die Höhengrade, von denen es drei gibt, stellen voneinander getrennte Grade dar, wie wir sie z. B. in den drei Naturreichen beobachten können. Das Mineralreich unterscheidet sich völlig vom Pflanzenreich und das Pflanzenreich unterscheidet sich total vom Tierreich. Alle drei Reiche sind völlig eigenständige, scharf abgegrenzte Lebensbereiche, die jeweils für sich bestehen und bei denen es keine Überschneidungen gibt.

Die Breitengrade hingegen stellen das stetige Anwachsen oder Anschwellen bzw. Abnehmen oder Abschwellen innerhalb eines Höhengrades dar. So können wir z. B. innerhalb der drei Naturhöhengrade Mineral-, Pflanzen- und Tierreich die jeweiligen Breitengrade betrachten. Im dritten Grad, dem Mineralreich, findet sich vom kleinsten Staubteilchen bis zum größten Gebirgsmassiv eine stetige Zunahme an gefesteter göttlicher Lebensenergie. Im zweiten Grad, dem Pflanzenreich, können wir vom pflanzlichen Einzeller bis zu den größten Mammutbäumen eine stetige Zunahme an Leben beobachten. Mammutbäume können übrigens eine Höhe von bis zu 135 Metern, einen Stammdurchmesser von bis zu 12 Metern und ein Alter von bis zu 4000 Jahren erreichen. Auch im ersten Grad, dem Tierreich, ist die Artenvielfalt nicht zu beschreiben, hier findet sich vom Einzeller bis zum Blauwal, der eine Gesamtlänge von 35 Metern und ein Gewicht bis zu 130 Tonnen erreichen kann, eine stetige Zunahme an Lebenssubstanzen.

Wir können also festhalten, dass sich die drei Höhengrade von den drei Breitengraden grundsätzlich darin unterscheiden, dass die Höhengrade streng voneinander getrennt sind, während die Breitengrade fließende Übergänge vom Kleinsten bis zum Größten bilden.

Die gesonderten Grade, also die Höhengrade verhalten sich wie das Vorangehende, Nachgehende und Letzte oder auch wie Absicht, Ursache und Wirkung. Sie heißen deshalb gesonderte Grade, weil das Vorangehende für sich besteht, das Nachgehende für sich besteht und das Letzte für sich besteht, während sie jedoch zusammengenommen Eines machen. Dieses Zusammenspiel der einzelnen Höhengrade möchte ich an unserem Beispiel mit den drei Naturreichen verdeutlichen.

Die drei gesonderten Reiche, das Mineral-, Pflanzen- und Tierreich bilden zusammen das große Reich des natürlichen Lebens. Wobei das Mineralreich dem 3. Grad, das Pflanzenreich dem 2. Grad und das Tierreich dem 1. Grad entspricht. Alle Lebewesen auf unserer Erde sind in irgendeinem dieser drei natürlichen Lebensgrade anzutreffen.

Um nachempfinden zu können, warum dies so ist, müssen wir bedenken, dass es eine stete Zunahme an Leben innerhalb der natürlichen Lebensgrade gibt. Den Anfang macht hier mit dem dritten Grad das Mineralreich. In diesem Grad finden wir z. B. das große Felsmassiv des Mount Everest, in dem sich das von Gott ausgehende Leben noch in sehr starren Strukturen befindet. Wir finden aber auch unglaublich viele im Wasser gelöste Mineralstoffe, die sicherlich schon eine wesentlich flexiblere Lebensstruktur vorweisen können.

Das gesamte Pflanzenreich ist letztendlich aus den gelösten Elementen des vorangehenden Mineralreichs aufgebaut. Jede Pflanzenzelle, egal ob ein pflanzlicher Einzeller irgendwo im Weltenmeer oder eine Blattzelle im Blätterdach einer deutschen Eiche, entnimmt die Substanzen, die sie für ihren Aufbau und ihren Erhalt benötigt, aus dem Mineralreich. Somit ist das Leben des Pflanzenreichs aus der Sicht des Mineralreichs ein nachfolgendes Leben, während aus der Sicht des Pflanzenreichs das Mineralreich ein vorangehendes Leben darstellt.

Das Pflanzenreich nun ist die unabdingbare Grundlage für den letzten Grad, das Tierreich. Das Tierreich, beginnend bei einem kleinen Einzeller irgendwo im Erdreich bis hin zum Menschen, benötigt direkt oder indirekt die Lebenssubstanzen des Pflanzenreichs. Auch die fleischfressenden Tiere leben vom Pflanzenreich, denn sie ernähren sich ja von Tieren, die vorher ihre Lebenssubstanzen aus dem Pflanzenreich bezogen haben.

Der Mensch bezieht für seinen Körper die Lebenssubstanzen aus dem Pflanzen- und Tierreich und stellt das letzte Glied in der Dreierkette von den natürlichen Höhenlebensgraden dar. In ihm vereinigen sich die Lebenssubstanzen aller drei Naturgrade, er ist sozusagen im Letzten der materiellen Lebensentwicklung. Wenn wir uns die einzelnen Lebenssubstanzen des menschlichen Körpers anschauen könnten, dann würden wir feststellen, dass letztendlich alle

Zellen unseres Körpers aus den Substanzen und dem ihnen innewohnenden göttlichen Leben des Pflanzenreichs aufgebaut sind. Und weil die Pflanzen ihre Zellen aus dem ihnen vorangehenden Grad des Mineralreichs aufgebaut haben, haben die ursprünglichen Lebenssubstanzen des Mineralreichs im menschlichen Körper wie in einem Gefäß den Vollbestand oder das Maximum an materieller Freiheit erreicht.

Mit anderen Worten, wenn unsere Körperzellen dem Inneren des Leibes entsprechen, dann stammen deren Lebenssubstanzen aus dem zweiten natürlichen Lebensgrad, dem Pflanzenreich. Und aus der Tatsache, dass die Pflanzen ihre Lebenssubstanzen aus dem Mineralreich gezogen haben, ergibt sich, dass diese Lebenssubstanzen dem Innersten unseres materiellen Körpers entsprechen, das heißt, dass letztendlich die innersten Lebenssubstanzen des menschlichen Körpers aus dem dritten Lebensgrad, dem Mineralreich stammen.

So gesehen stellt der menschliche Körper auf der materiellen Daseinsebene die Vollendung des natürlichen Lebens dar, denn in ihm ist die Konzentrierung der materiellen göttlichen Lebenssubstanzen vom dritten Grad des Mineralreichs über den zweiten Grad des Pflanzenreichs im Ersten Grad des Tierreichs zur Vollendung gelangt.

Nachdem wir nun die drei Höhen- und Breitengrade des menschlichen Körpers betrachtet haben, möchte ich mich nun den drei Höhengraden zuwenden die den Gesamtmenschen ausmachen. Hierzu ein kurzes Zitat aus der »Ehelichen Liebe«, Nr. 158 II:

„Jeder Mensch besteht aus Seele, Gemüt und Körper; die Seele ist sein Innerstes, das Gemüt sein Mittleres und der Körper das Letzte. Weil die Seele das Innerste des Menschen ist, so ist sie ihrem Ursprung nach himmlisch; und weil das Gemüt sein Mittleres ist, so ist es seinem Ursprung nach geistig, und weil der Körper das Letzte ist, so ist er seinem Ursprung nach natürlich. Das, was seinem Ursprung nach himmlisch ist, und das, was seinem Ursprung nach geistig ist, ist nicht im Raum, sondern in den Erscheinlichkeiten des Raumes; dies ist auch in der Welt bekannt; daher man sagt, dass vom Geistigen weder Ausdehnung noch Ort prädiziert (ausgesagt) werden könne."

Bevor wir uns mit den drei Graden des Menschen - Seele, Gemüt und Körper - auseinandersetzen, möchte ich kurz darauf hinweisen, dass Swedenborg unter dem Begriff "Seele" etwas anderes versteht als es im allgemeinen Sprachgebrauch üblich ist. Für ihn ist die Seele nicht das Bindeglied zwischen Körper und Geist, sondern das Innerste des Menschen. In dem Buch »Seele und Leib«, kann man auf Seite 60 lesen:

„Die Seele ist der Mensch selbst, weil sie der innerste Mensch ist, weshalb ihre Gestalt die Menschengestalt ist in Vollbestand und Vollkommenheit; jedoch ist sie nicht Leben, sondern sie ist das nächste Aufnahmegefäß von Leben aus Gott, und so Wohnstätte Gottes."

Die Seele, als das Einflussorgan des göttlichen Lebens entspricht zum einen dem Innersten des Menschen und zum anderen dem dritten Höhengrad. Das Gemüt als Sitz des Willens und des Verstandes entspricht zum einen dem Inneren des Menschen und zum anderen dem zweiten Höhengrad. Und der menschliche Körper, als das Äußere des Menschen entspricht dem ersten Grad.

Wenn wir uns nun den ersten Höhengrad des Menschen - seinen materiellen Körper - anschauen, dann werden wir feststellen, dass wir es kaum schaffen werden, den dazugehörigen Breitengrad in seiner Vielfalt auszuloten. Schon allein die Erforschung der mit dem bloßen Auge erkennbaren äußeren Körpermerkmale wird einige Zeit in Anspruch nehmen. Wenn wir uns jetzt noch mit dem inneren Aufbau des menschlichen Körpers auseinandersetzen, dann werden wir sehr schnell erfahren, welch eine breite Palette an unterschiedlichsten Knochen, Organen, Muskeln, Nerven und sonstigen

Substanzen notwendig sind, damit der Körper die Funktionen ausführen kann, die man von ihm erwarten darf. Allein das Gehirn, mit seinen unzähligen Nerven und den jeweiligen Nervenverbindungen ist so komplex, dass es der Wissenschaft wohl niemals gelingen wird, seine Funktionen bis ins Detail zu erforschen.

Von daher ist es nicht weiter verwunderlich, dass die Wissenschaftler der Welt davon ausgehen, dass der Verstand, die Gefühle und die aus ihnen hervorgehenden Aktivitäten aus den elektrischen und chemischen Aktionen und Reaktionen des Gehirns entspringen. Zu dieser Annahme können sie allerdings nur deshalb gelangen, weil der weitaus überwiegende Teil der Menschheit weder etwas von der Existenz einer geistigen Welt noch etwas von der swedenborgschen Gradlehre weiß. Wüssten die Menschen etwas von diesen Dingen, dann könnten sie wissen, dass der Körper für sich genommen nicht in der Lage ist auch nur die kleinste Bewegung auszuführen, wenn in ihm nicht ein Inneres und ein Innerstes wohnen würde.

Für uns in Raum und Zeit eingebundene Menschen erscheint der dem ersten Grad entsprechende Körper so lebendig, weil wir mit unseren Sinnen die wahren Ursachen seiner Lebendigkeit nicht erfahren können. Wenn man aber sozusagen hinter die Kulissen schaut, dann kann man erkennen, dass der materielle Körper eigentlich nur ein Gefäß für das Gemüt des Menschen ist. Der Körper kann seine Bewegungen nur deshalb vollziehen, weil er durch den Willen und den Verstand des dem zweiten Grad entsprechenden Gemüts über die Schnittstelle des Gehirns die Lebensimpulse erhält, die den Körper in Bewegung setzen.

Das menschliche Gemüt hat als gesonderter Höhengrad natürlich auch einen stetigen Breitengrad. Allerdings gibt es bei der Beschreibung des Gemütsbreitengrads leider ein grundsätzliches Problem, das darin besteht, dass das Gemüt des Menschen geistiger Natur ist und somit mit unseren aus Raum und Zeit entlehnten Begriffen nicht wirklich beschrieben werden kann. Dennoch möchte ich versuchen, einige grundsätzliche Prinzipien des Gemüts zu beschreiben.

Wie wir bereits durch Swedenborg erfahren haben, besteht jeder Mensch aus den drei Höhengraden: Seele, Gemüt und Körper. Der Körper, der dem ersten Grad entspricht, hat entgegen unserer sinnlichen Erfahrung kein eigenes Leben, denn das, was uns als Leben erscheint, sind die Lebensimpulse, die der Körper aus dem Gemüt, welches dem zweiten Höhengrad entspricht, erhält. Damit das Leben des Gemüts den Körper als Werkzeug benutzen kann, wird das Gehirn als Schnittstelle zwischen der geistigen Welt des Gemüts und der natürlichen Welt des Körpers benötigt. Über das Gehirn werden die Daten zwischen dem ersten und zweiten Höhengrad ausgetauscht. Das Gemüt erfährt auf diese Weise über die Sinnesorgane, was in der Umgebung des Körpers geschieht und die Muskeln des Körpers werden über das Gehirn vom Gemüt zu ihrer Arbeit angeregt.

Um den Körper beleben zu können, muss das Gemüt natürlich selbst lebendig sein. Seine Lebendigkeit bezieht das Gemüt aus dem Umstand, dass in ihm der Wille als das Gefäß für die Liebe und der Verstand als das Gefäß für die Weisheit angelegt sind. Beide zusammen führen so eine Art Doppelleben, nämlich ein Willensleben und ein Verstandesleben. In seinem Werk »Seele und Leib« schreibt Swedenborg hierzu in der Nr. 6:

„Das Gemüt nämlich ist geordnet unter die Seele, und der Leib ist geordnet unter das Gemüt, und das Gemüt hat ein Doppelleben, ein Willensleben und ein Verstandesleben; sein Willensleben ist Liebegutes, dessen Ausläufer wir Triebe nennen, und das Verstandesleben in ihm ist Weisheitswahres, dessen Ausläufer wir Gedanken nennen; mittels dieser und jener lebt das Gemüt."

Ich denke, diesen Gedanken kann jeder nachvollziehen, entspricht es doch unserer eigenen Lebenserfahrung, dass unser Wille und unsere Gedanken den inneren Antrieb für alle Handlungen unseres

Körpers ausmachen. Wobei die Antriebe unseres Willens und die Gedanken unseres Verstandes eine unglaubliche Spannbreite an Möglichkeiten aufweisen.

Die Breitengrade des Willens reichen von einem Zustand, in dem sich der Wille völlig im Hochmut, Neid und Hass der Welt verliert, bis zu einem Zustand, in dem sich der Wille der Demut, Freude und Nächstenliebe ergeben hat. Und die Breitengrade des Verstandes reichen von dem finstersten Weltverstand bis zu einem gottzugewandten Verstand, der bereit ist eine Verbindung mit Gott einzugehen.

Nun könnte man vielleicht auf den Gedanken kommen, dass das Leben des Menschen in seinem Gemüt zu lokalisieren wäre. Dem ist aber nicht so, denn obwohl das Gemüt des Menschen schon geistiger Natur ist, hat es dennoch kein eigenes Leben denn es empfängt sein Leben von der Seele des Menschen, die dem dritten Höhengrad entspricht. Swedenborg schreibt dazu in seinem Werk »Seele und Leib«, in der Nummer 10:

„Es fließt nämlich die Seele in das Gemüt des Menschen ein und durch dieses hindurch in den Leib und bringt mit sich Leben, das sie fort und fort aufnimmt vom Herrn. Das Leben aus dem Herrn wird auf diese Weise mittelbar in den Körper überpflanzt, wo es infolge seiner innigen Vereinigung mit dem Körper den Eindruck macht, als lebe der Körper."

Hier stellt sich natürlich die Frage: „Was ist denn so eigentlich die Seele, die in unser Gemüt einfließt und dasselbe mit Leben erfüllt?"

In seinem Werk »GLW« schreibt Swedenborg in der Nummer 395 hierzu Folgendes:

„Weil die Seele ihrem eigentlichen Sein nach Liebe und Weisheit ist und diese zwei vom Herrn bei dem Menschen sind, so sind beim Menschen zwei Aufnahmegefäße anerschaffen, welche auch die

Wohnungen des Herrn bei dem Menschen sind, das eine für die Liebe und das andere für die Weisheit. Jenes, das für die Liebe ist, heißt der Wille und das andere, das für die Weisheit ist, heißt der Verstand."

Wenn wir die Tatsache, dass die Seele ihrem eigentlichen Sein nach Liebe und Weisheit ist, richtig verstehen wollen, dann müssen wir dabei bedenken, dass es sich bei der Seele des Menschen um etwas handelt, was jenseits von Raum und Zeit angesiedelt ist. Das heißt, wir denken hier über Dinge nach, die sich im Innersten des Menschen abspielen und so nur annäherungsweise mit aus Raum und Zeit entlehnten Worten beschrieben werden können.

Das Innerste des Menschen, seine Seele, entspricht seiner Liebe und Weisheit, wobei für die meisten Menschen, Liebe und Weisheit etwas Flüchtiges sind, die weder Substanz noch Form haben. Die Ursache hierfür liegt darin begründet, dass die äußeren Scheinbarkeiten der Materie das Erste sind, aus dem das menschliche Gemüt seinen Verstand bildet. Solange der Verstand die geistige Welt ablehnt, solange ist er nicht in der Lage, die tiefer liegenden Ursachen des Seins zu erkennen und solange hält er Liebe und Weisheit für etwas Form- und Substanzloses. Die Wahrheit ist jedoch, dass Liebe und Weisheit wirklich und tatsächlich Substanz und Form sind, welche den Träger selbst bilden.[11] Hierzu kann man in der »GLW«, Nr. 42, lesen:

„Jedoch kann niemand in Abrede stellen, dass das von der Weisheit und Liebe, was man Gedanken, Wahrnehmungen und Gefühle nennt, Substanzen und Formen sind und dass sie nicht flüchtige und aus dem Nichts fließende Wesenheiten sind noch abgezogen von der wirklichen und tatsächlichen Substanz und Form, welche die Träger sind; denn es gibt im Gehirn unzählige Substanzen und Formen, in welchen aller innere Sinn, der sich auf den Verstand und auf den Willen bezieht, seinen Sitz hat.

---

[11] »GLW« Nr. 40

Dass alle Gefühle, Wahrnehmungen und Gedanken daselbst nicht Aushauchungen aus jenen, sondern dass sie wirklich und tatsächlich die Träger sind, die nichts von sich aussenden, sondern nur Veränderungen erfahren je nach den sie anregenden Außendingen, lässt sich aus dem entnehmen, was oben über die äußern Sinne gesagt worden ist."

Wobei es zu bedenken gilt, dass es sich bei den Gefühlen, Wahrnehmungen und Gedanken um geistige Substanzen handelt, die sich unserer direkten Wahrnehmung entziehen, da sie sich jenseits von Raum und Zeit befinden.

Natürlich ist dann auch die den dritten menschlichen Höhengrad ausmachende Liebe und Weisheit nicht substanzlos. Eine Seele ohne Substanz wäre ein Nichts und ein Nichts wäre nicht in der Lage, das menschliche Gemüt zu beleben.

So wie der Körper durch den ständigen Einfluss des Gemüts belebt wird, so wird auch das Gemüt durch den ständigen Einfluss der Seele belebt. Der Wille wäre ohne den Einfluss der Liebe nicht in der Lage, auch nur ein Gefühl zu empfinden und der Verstand wäre ohne den Einfluss der Weisheit nicht in der Lage, auch nur einen Gedanken zu produzieren.

Selbstverständlich hat auch die Seele als der dritte Höhengrad einen Breitengrad. Dieser Breitengrad umfasst die fließenden Liebesabstufungen von einer Liebe zur Welt bis hin zur unbedingten Liebe zu Gott. Der Seelenbreitengrad umfasst aber auch die fließenden Weisheitsabstufungen von der finstersten Weltweisheit bis zur höchsten durch den Herrn veredelten Himmelsweisheit. In seinem Werk »Die Göttliche Vorsehung«, fasst Swedenborg dies noch einmal zusammen. Er schreibt dort in der Nummer 199:

„Die Seele des Menschen ist aber nichts anderes, als die Liebe seines Willens und infolge dessen auch die Liebe seines Verstandes: wie diese Liebe beschaffen ist, so ist der ganze Mensch beschaffen, und er wird ein Solcher gemäß der Anordnung im Äußeren, in welchem der Mensch mit dem Herrn zugleich ist; wenn er daher sich und der Natur alles zuschreibt, so wird seine Seele zur Eigenliebe; schreibt er aber dem Herrn alles zu, so wird seine Seele die Liebe zum Herrn, und diese Liebe ist himmlischer, jene aber höllischer Art."

In diesem Zitat wird noch einmal sehr deutlich zum Ausdruck gebracht, dass die Seele den eigentlichen Menschen ausmacht und je nachdem wie die Liebe der Seele ausgerichtet ist, liegt die Neigung des ganzen Menschen irgendwo zwischen der Eigenliebe und der Gottesliebe.

Nachdem wir uns mit den drei Graden des Gesamtmenschen, auseinandergesetzt haben, möchte ich mich nun mit den himmlischen und höllischen Graden auseinandersetzen. Bevor ich mich mit diesen Graden beschäftigen kann, möchte ich zunächst einmal kurz die Begriffe Himmel und Hölle definieren. Hierzu drei kurze Swedenborgzitate:

In »Himmel und Hölle«, Nr. 54, heißt es:

„Man kann durchaus nicht sagen, der Himmel sei außerhalb jemandes, sondern innerhalb; denn jeder Engel nimmt je nach dem Himmel, der innerhalb seiner ist, den Himmel in sich auf, der außerhalb seiner ist."
In »Himmel und Hölle«, Nr. 55, schreibt Swedenborg:

„Weil alle den Himmel, der außer ihnen ist, je nach Beschaffenheit des Himmels aufnehmen, der innerhalb ihrer ist, darum nehmen sie in gleicher Weise den Herrn auf, weil das Göttliche des Herrn den Himmel macht".

und in »Himmel und Hölle«, Nr. 7, kann man lesen:

„Die Engel heißen zusammengenommen der Himmel, weil sie ihn ausmachen; allein gleichwohl ist es das aus dem Herrn hervorgehende Göttliche, das bei den Engeln einfließt und von ihnen aufgenommen wird, was den Himmel im Allgemeinen und im Besonderen macht. Das vom Herrn ausgehende Göttliche ist das Gute der Liebe und das Wahre des Glaubens; soviel also des Guten und des Wahren sie vom Herrn aufnehmen, insoweit sind sie Engel und insoweit sind sie der Himmel."

Aus diesen Zitaten kann man erkennen, dass es zwei Arten von Himmel gibt. Da ist zum einen der allgemeine Himmel, der das Göttliche des Herrn ausmacht und aus dem über die allgemeine Geistige Sonne das Gute der Liebe und das Wahre des Glaubens in die Schöpfung einfließt. Aus diesem Blickwinkel gesehen, ist der Himmel im höchsten Sinne der Herr selbst.

Dann gibt es zum Zweiten noch den besonderen Himmel, der sich innerhalb des Menschen und der Engel befindet. Dieser Himmel umschreibt einen inneren Zustand, in dem die Seele des Engels völlig für den Einfluss des Guten der Göttlichen Liebe und dem Wahren der göttlichen Weisheit, offen ist. Jeder Engel kann von dem allgemeinen Himmel nur soviel aufnehmen, wie sein eigener, besonderer Himmel es zulässt.

Auf den ständigen Einfluss des göttlichen Lebens über die Geistige Sonne des allgemeinen Himmels hat der Mensch keinen Einfluss denn ohne Ihn hätte kein Geschöpf irgendeinen Lebensimpuls in sich. Auf die Gestaltung seines persönlichen Himmels hat der Mensch / Geist sehr große Einflussmöglichkeiten. Denn er kann sich ganz dem Göttlichen Guten und Wahren hingeben, was dem Himmel entsprechen würde. Er kann sich aber auch völlig dem Bösen und Falschen hingeben, was der Hölle entsprechen würde.

Die Hölle ist genauso wie der besondere Himmel ein innerer Zustand des Gemüts. Hier hat sich der Mensch / Geist allerdings soweit von dem Göttlichen Guten und Wahren entfernt, dass seine eigene Geistige Sonne völlig verkümmert ist und von daher nicht der kleinste Lichtstrahl der Göttlichen Liebe und Weisheit auf den

Boden seines Gemüts fällt. In »Himmel und Hölle«, Nr. 113, schreibt Swedenborg:

„Wie alles, was der göttlichen Ordnung gemäß ist, dem Himmel entspricht, so entspricht auch alles, was wider die göttliche Ordnung ist, der Hölle; was dem Himmel entspricht, bezieht sich alles auf das Gute und Wahre, was der Hölle entspricht, auf das Böse und Falsche."

Nachdem wir uns noch einmal kurz vergegenwärtigt haben, was Swedenborg unter Himmel und Hölle versteht, können wir uns nun den drei Graden des Himmels zuwenden. Hierzu möchte ich die Nummer 230, aus der »GLW«, zitieren:

„Im Herrn sind drei unendliche und unerschaffene Höhengrade, weil der Herr die Liebe selbst und die Weisheit selbst ist. Weil der Herr die Liebe selbst und die Weisheit selbst ist, so ist Er auch die Nutzleistung selbst; denn die Liebe hat zum Endzweck die Nutzleistung, welche sie durch die Weisheit hervorbringt. Liebe und Weisheit nämlich ohne Nutzleistung haben keine Begrenzung oder keinen Auslaufpunkt, d. h. es fehlt ihnen ihre Wohnstätte; weshalb man nicht sagen kann, sie seien und bestehen, wenn nicht eine Nutzwirkung da ist, in der sie sind und bestehen. Diese Drei bilden die drei Höhengrade in den Daseinsformen des Lebens. Es verhalten sich diese drei wie der erste Zweck, der Mittelzweck, welcher Ursache heißt, und der letzte Zweck, welcher Wirkung heißt."

Die in diesem Zitat erwähnten unendlichen und unerschaffenen Grade der Liebe, Weisheit und Nutzleistungen umfassen den gesamten Göttlichen Himmel. In ihm ist alle Schöpfung und aus ihm erhält die Schöpfung ihr Sein und ihr Leben. Aus diesem geistigen unerschaffenen Himmel strömt das göttliche Leben über die Geistige Sonne hinaus in die unendlichen Schöpfungsräume und belebt zunächst die geistige Schöpfung und darüber hinaus auch die natürliche Schöpfung. Wobei die geistige Sonne, aus der die Jenseitigen ihr Leben beziehen, nicht etwa Gott ist, sie ist lediglich die erste

Quelle, aus der die göttliche Liebe und Weisheit ihre belebende Wärme und ihr Licht in die Schöpfung hinausstrahlt.

Die drei göttlichen Höhengrade Liebe, Weisheit und Nutzleistungen finden sich auch beim Menschen wieder, denn das Inwendige des menschlichen Gemüts stellt einen Himmel in kleinster Form dar. Wobei das Innerste der Liebe, das Innere der Weisheit und das natürliche den Nutzleistungen entsprechen. Die Tatsache, dass sich die drei Grade im Menschen befinden, bestätigt uns Swedenborg in der »GLW«, Nummer 231. Dort heißt es:

„Dass jene drei Grade im Menschen sind, kann erhellen aus der Erhebung seines Gemüts bis zu den Graden der Liebe und Weisheit, in welchen die Engel des zweiten und dritten Himmels sind; den alle Engel waren als Menschen geboren, und der Mensch ist dem Inwendigen nach, das seinem Gemüt angehört, der Himmel in kleinster Form. So viele Himmel es denn gibt, so viele Höhengrade gibt es bei dem Menschen von der Schöpfung her. Der Mensch ist auch Bild und Ähnlichkeit Gottes, weshalb jene drei Grade dem Menschen eingeschrieben sind, weil sie im Gott=Menschen, das ist im Herrn, sind.

Dass jene Grade im Herrn unendlich und unerschaffen seien und dass sie im Menschen endlich und erschaffen seien, kann aus dem erhellen, ... dass der Herr die Liebe und Weisheit an sich sei; dass der Mensch ein Aufnehmer der Liebe und Weisheit vom Herrn sei; ferner daraus, dass vom Herrn nichts als Unendliches ausgesagt werden kann und vom Menschen nichts als Endliches.

Es ist von der Göttlichen Vorsehung so eingerichtet worden, dass im menschlichen Gemüt die Möglichkeit zur Entstehung eines Himmels oder einer Hölle angelegt ist. Wobei der Himmel im Gemüt des Menschen drei Grade umfasst. Diese drei Grade heißen der himmlische, der geistige und der natürliche Grad. Der himmlische Grad ist der Grad der Liebe, was dem Innersten des Menschen entspricht, der geistige Grad ist der Grad der Weisheit, was dem Inneren des Menschen entspricht und der natürliche Grad ist der Grad der Nutzleistungen, was dem natürlichen Guten des Menschen entspricht."[12].

Durch seinen Lebenswandel kann der Mensch entscheidend dazu beitragen, ob sein Gemüt für den Himmel oder die Hölle vorbereitet wird. Denn solange wir in der natürlichen Welt leben, legen wir durch unsere Lebensliebe, unser Wissen und unserem daraus resultierenden Lebensstil die Grundsteine für die Geistige Welt. Wir können uns in dem Breitengrad des natürlichen Lebens von einem Teufel bis zu einem Engel entwickeln, in dem wir uns entweder eigenliebig der Welt hingeben oder danach streben Gott über alles und unseren Nächsten wie uns selbst zu lieben.

Wenn der Mensch das Licht der natürlichen Welt erblickt, dann wird er in den ersten Höhengrad seiner Gemütsentwicklung hinein geboren. Der erste Höhengrad entspricht dem natürlichen Grad und der in diesem Grad befindliche fortlaufende Breitengrad entspricht der natürlichen Liebe und Weisheit des Menschen. Und weil der Mensch ohne jegliches Wissen auf diese Welt kommt, befindet er sich ganz am äußeren Rand des ersten Breitengrads, was der völligen Unwissenheit entspricht.

Im Laufe seines Lebens eignet sich der Mensch immer mehr Kenntnisse an, sodass sich sein Verstand von der völligen Unwissenheit bis zum höchsten des natürlichen Verstandes, der Vernunft weiterentwickeln kann, was bildlich gesehen einer Wanderung vom äußeren Rand des Breitengrads zur Mitte hin entsprechen würde.

Doch selbst dann, wenn der Mensch die Mitte des Breitengrads erreicht hat, was dem Höchstmaß an Verstand und Vernunft entspricht, kann ihm der zweite Höhengrad nicht aufgeschlossen werden. Denn der zweite Höhengrad, der dem geistigen Grad entspricht, kann nur dann aufgeschlossen werden, wenn der Verstand

---

[12] »GLW« Nr. 232

des Menschen eine Liebe für die göttlichen Wahrheiten entwickelt und sich aus dieser mehr geistigen Liebe heraus eine Liebe zum Herrn und zum Nächsten, herausgebildet hat.

Der zweite Grad hat natürlich auch einen stetigfortlaufenden Breitengrad. Dieser beginnt am äußeren Rand mit der höchsten Stufe an natürlichen Erkenntnissen und endet in der Mitte mit den höchsten himmlischen Erkenntnissen. Um den höchsten Punkt dieses Längengrades erreichen zu können, muss der Mensch nach Erkenntnissen des Wahren und Guten trachten, in dem er sich geistige Wahrheiten zu seinem Eigentum macht.

Wenn der Mensch irgendwann einmal den höchsten Punkt oder die Mitte des zweiten Breitengrads erreicht hat, was einem Höchstmaß an himmlischer Weisheit entspricht, kann ihm der dritte Höhengrad noch nicht aufgeschlossen werden. Denn der dritte Höhengrad, der dem himmlischen Grad entspricht, kann nur dann aufgeschlossen werden, wenn im Gemüt des Menschen der Wille durch die himmlische Weisheit soweit umgewandelt ist, dass im Menschen eine himmlische Liebe zum Nutzenschaffen entbrannt ist. Diese Liebe entspringt aus der Liebe zum Herrn und ist laut Swedenborg nichts anderes, als die Vorschriften des Wortes ins Leben einzuführen, und diese Vorschriften lauten auf einen Nenner gebracht: das Böse fliehen, weil es höllisch ist[13].

Hat es dann dem Herrn gefallen, das Gemüt des Menschen in den dritten Grad, welcher dem Liebehimmel entspricht, zu erheben, dann gibt es dort auch einen Breitengrad, der die Entwicklung der Liebe von einer aus der Weisheit entspringenden Liebe bis zu der höchsten himmlischen Liebe, die weder eine Begrenzung noch ein Ende kennt.

In der Regel weiß der Mensch, solange er in der Welt lebt, nichts von der Aufschließung seiner Grade. Der Grund hierfür liegt darin

---

[13] »GLW«, Nr. 237

begründet, dass er ja im natürlichen Grad, also im letzten Grad, ist und von daher aus diesem heraus denkt, will, redet und handelt. Dadurch, dass der zweite, inwendigere, geistige Grad nur durch Entsprechungen mit dem natürlichen Grad verkehren kann und diese Entsprechungen mit den fünf Sinnen nicht erfahrbar sind, erfährt der natürliche Mensch nichts von seinen in ihm liegenden Graden.

Müssen wir dann dereinst die sterbliche Hülle ablegen, und in die Geistige Welt eingehen, dann werden wir nach einem vorübergehenden Aufenthalt im Geisterreich in den jeweiligen Zustandsgrad erhoben, der unserer inneren Gemütseinstellung entspricht. Hat sich der Mensch, nun Geist genannt, nie mit irgendwelchen Religionen befasst, ist aber in seinem Gemüt ein stets liebevoller, mitfühlender und hilfsbereiter Geist, so wird er in den ersten Himmel erhoben, welcher dem ersten Grad der natürlichen Liebe und Weisheit entspricht. Hat sich der Geist nie mit irgendwelchen Religionen befasst, ist aber in seinem Gemüt ein eigenliebiger, stolzer und herrschsüchtiger Geist, so wird er in die erste Hölle hinabgeworfen, welche dem ersten Grad des natürlichen Bösen und Falschen entspricht.

In diesem Zusammenhang möchte ich noch einmal darauf hinweisen, dass wir hier von der Welt reden, die jenseits von Raum und Zeit im Gemüt eines jeden einzelnen Menschen angelegt ist. Wenn es also heißt, dass der Geist in den Himmel erhoben bzw. in die Hölle hinabgeworfen wird, dann soll damit der Zustand zum Ausdruck gebracht werden, den der Geist nach dem Aufenthalt im Geisterreich erlebt.

Die Zeit, die der Verstorbene im Geisterreich verbringt, ist vielleicht vergleichbar mit der ersten Zeit auf einer neuen Arbeitsstelle. Wir müssen erst einmal die neuen Kollegen kennen- und einschätzen lernen, wir müssen die räumlichen Gegebenheiten kennenlernen und wir müssen mit den Tätigkeiten an unserem neuen Arbeitsplatz vertraut werden. Nach einer gewissen Einarbeitungszeit kennen wir unsere Kollegen, die Räumlichkeiten, und die Arbeit geht uns auch recht gut von der Hand. Jetzt erst können wir die Stellung in unserem Betrieb einnehmen, die unserer inneren Arbeitseinstellung entspricht.

So ähnlich ist die Situation nach dem Hinübergang in die jenseitige Welt. Der Neuankömmling muss erst einmal lernen, sein Inneres mit den nach außen visualisierten Begebenheiten in Übereinstimmung zu bringen. Erst dann entspricht seine von ihm erlebte Welt dem jeweiligen Grad seines Gemüts, und der kann himmlischer- aber auch höllischer Natur sein.

Dass der Mensch nach seinem Tode in den Grad aufgenommen wird, der bereits während seines irdischen Lebens erschlossen war, bestätigt uns auch Emanuel Swedenborg in seinem Werk »Göttliche Liebe und Weisheit«, in der Nummer 238. Dort heißt es:

„Sobald aber der Mensch den natürlichen Grad ablegt, welches geschieht, wenn er stirbt, alsdann kommt er in denjenigen Grad, der bei ihm in der Welt aufgeschlossen war; in den geistigen derjenige, bei welchem der geistige Grad aufgeschlossen war, in den himmlischen derjenige, bei welchem es der himmlische Grad war. Wer in den geistigen Grad nach dem Tode kommt, denkt, will, redet und handelt nicht mehr natürlich, sondern geistig, und wer in den himmlischen kommt, denkt, will, redet und handelt gemäß seinem Grad. Und weil ein Verkehr der drei Grade unter sich bloß durch Entsprechungen stattfindet, so sind die Unterschiede der Liebe, Weisheit und Nutzleistungen in Ansehung jener Grade von der Art, dass sie keine Gemeinschaft durch irgendetwas stetig sich Anschließendes untereinander haben."

Um meine bisherigen Ausführungen abzurunden, möchte ich mich zum Ende meiner Ausführungen nun noch kurz den drei höllischen Graden zuwenden.

Das menschliche Gemüt kommt zwar ohne jegliches Wissen in diese Welt, ist aber wegen seiner beiden Vermögen, welche Vernunft und Freiheit heißen, in der Lage, aus dem Guten und Wahren durch die drei himmlischen Grade aufzusteigen und aus dem Bösen und Falschen durch die drei höllischen Grade hinabzusteigen.

Wendet sich der Mensch dem Bösen und Falschen zu, dann nimmt die herrschende Liebe, welche dem Willen angehört, die oberste oder innerste Stelle im Gemüt ein. Mit anderen Worten, die Liebe zu sich selber und die Liebe zur Welt bilden den innersten Grad in den Höllen.

In der zweiten oder mittleren Stelle befindet sich das Denken des Falschen, welches im Verstand aus jener Liebe heraus geschieht. Man könnte auch sagen, Torheit und Unsinn, welche wie Weisheit und Einsicht erscheinen, bilden aus ihren Grundneigungen heraus den mittleren Grad in den Höllen.

Und in der ersten oder untersten Stelle befinden sich die von der Liebe durch das Denken oder vom Willen durch den Verstand gefassten Beschlüsse. Das heißt, dass die Ergebnisse aus dem dritten und zweiten Grad, welche entweder zum Wissen oder zu Handlungen werden, in den Höllen den äußersten Grad bilden.

Swedenborg schreibt dazu in der »GLW«, Nummer 275:

„Die Liebe zu sich aber und die Liebe zur Welt bilden den innersten Grad in den Höllen. Weisheit und Einsicht bilden aus ihren Grundneigungen heraus den mittleren Grad in den Himmeln. Torheit und Unsinn hingegen, welche wie Weisheit und Einsicht erscheinen, bilden aus ihren Grundneigungen heraus den mittleren Grad in den Höllen. Die Ergebnisse aber aus ihren zwei Graden, welche entweder als Kenntnisse im Gedächtnis niedergelegt werden oder sich im Körper zu Handlungen bestimmen, bilden den letzten Grad in den Himmel. Die Ergebnisse aus ihren zwei Graden, welche entweder zum Wissen oder zu Handlungen werden, bilden in den Höllen den äußersten Grad."

Swedenborg bestätigt hier noch einmal ganz deutlich, dass bereits im irdischen Leben die Weichen für die Zustände in der jenseitigen

Welt gestellt werden. Ob wir in den „Himmel" oder in die „Hölle" kommen hängt ausschließlich davon ab, in welchem Grad unseres Gemüts wir durch unseren Lebenswandel erhoben wurden. Es liegt also an uns selbst, ob wir uns mit dem Guten und Wahren beschäftigen wollen, in dem wir dem Bösen aus dem Weg gehen und uns den Wahrheiten des Herrn zuwenden. Oder ob wir uns lieber dem Falschen und Bösen der Welt zuwenden um uns dort in Kurzweil und sinnlichen Genüssen von Gott immer weiter zu entfernen.

Wer also schon zu Lebzeiten in seinem Gemüt den dritten Grad erschlossen haben möchte, der tut sicherlich gut daran sich an die Quelle des Lebens - Jesus Christus - zu wenden. Durch die vorurteilsfreie Auseinandersetzung mit den Worten des Herrn kann der Mensch bereits in dieser Daseinsebene die Lebensimpulse erhalten, die es ihm ermöglichen, Gott über alles und seinen Nächsten wie sich selbst zu lieben.

Dazu ist es unumgänglich, dass der Mensch danach trachtet, sich von der Weisheit, wie sie die Welt zu geben vermag, zu trennen. Das heißt, sein Verstand muss eine Liebe zum Herrn entwickeln, die es dem Herrn ermöglicht über den dritten Grad – der Seele – eine innige Verbindung mit dem im zweiten Grad befindlichen Verstand einzugehen. Die daraus entstehende Weisheit ist dann in der Lage, den weltzugewandten Willen so umzubilden, dass er als Gefäß für die göttliche Liebe tauglich wird. Wenn dann der Wille umgewandelt ist, das heißt, wenn aus ihm die Weltliebe verschwunden ist und in ihm die Liebe zum Herrn regiert, dann kann sich der dritte Grad soweit öffnen, dass die Liebe und die Weisheit Gottes unser Inneres und unser Innerstes durchstrahlen und wir so dereinst zu einem Engel im obersten Himmel werden können.

Hierbei kann das Lesen der Heiligen Schrift sehr behilflich sein, denn in Ihr ist alles enthalten, was der Mensch braucht, um den Weg zum Himmel zu finden. Der Grund hierfür ist in dem Werk »GLW, im 221. Kapitel beschrieben. Dort heißt es:

„Das erste Geheimnis ist, dass das Wort im Sinne des Buchstabens in seiner Fülle und in seiner Macht ist; denn es gibt dreierlei Sinne gemäß den drei Graden im Wort, einen himmlischen Sinn, einen geistigen Sinn und einen natürlichen Sinn. Weil diese Sinne gemäß den drei Höhengraden im Worte sind und ihre Verbindung durch Entsprechungen geschieht, so ist der letzte Sinn, welcher der natürliche ist und der Sinn des Buchstabens heißt, nicht nur die Zusammenfassung, der Behälter und die Unterlage der entsprechenden inneren Sinne, sondern es ist auch das Wort im letzten Sinne in seiner Fülle und in seiner Macht."

Mit anderen Worten ausgedrückt, aus der Bibel kann man über die Lehre von den Entsprechungen alles entnehmen, um sein Inneres und Innerstes aus den Klauen der Welt zu entreißen und für den Himmel vorzubereiten. Hierbei ist es allerdings von großem Vorteil, wenn man es schafft, Raum und Zeit aus seinem Denken zu verbannen. Warum dem so ist, erfahren Sie im nächsten Kapitel.

Die experimentellen Befunde der modernen Physik haben uns zu einer überraschenden Einsicht gezwungen:
Alles, was wir durch indirekte Beobachtungen oder durch Abstraktion unserer Wahrnehmungen als Wirklichkeit betrachten und in der Naturwissenschaft als (stoffliche) Realität beschreiben, darf in dieser Form nicht mit der eigentlichen Wirklichkeit — was auch immer wir uns darunter vorstellen wollen — verwechselt werden.

[Hans-Peter Dürr, deutscher Quantenphysiker und Philosoph]

Entferne Raum und Zeit aus deinem Denken!

Wer sich einmal seine Umwelt bewusst anschaut, wird schnell erkennen, dass alles, was seine Augen erblicken können, eine räumliche Ausdehnung hat. Sei es der Raum, in dem er sich befindet, die Einrichtungsgegenstände oder das Buch, in dem dieser Text steht, alles hat eine dreidimensionale Ausdehnung.

Bereits im Mutterleib wird der Mensch mit der Tatsache konfrontiert, dass alles, was er ergreifen und erspüren kann, eine räumliche Ausdehnung hat. Diese Lebenserfahrung, dass der Mensch selbst, als ein dreidimensionales Wesen in einer dreidimensionalen Welt lebt, begleitet ihn ein Leben lang. Und so ist es natürlich nicht weiter verwunderlich, dass unser ganzes Denken von der Erfahrung durchdrungen ist, dass alles eine räumliche Ausdehnung hat.

Eine ganz ähnliche Erfahrung macht der Mensch mit der Zeit. Alles, was der Mensch unternimmt, braucht seine Zeit. Diese existenzielle Erfahrung hatten natürlich auch schon die Menschen vor Tausenden von Jahren, wie man schon in der Bibel bei den Predigern nachlesen kann. Dort heißt es im dritten Kapitel:

„Alles hat seine Stunde, und es gibt eine Zeit für jegliche Sache unter dem Himmel: Eine Zeit für die Geburt und eine Zeit für das Sterben, eine Zeit zu pflanzen und eine Zeit, das Gepflanzte auszureißen, eine Zeit zu töten und eine Zeit zu heilen, eine Zeit einzureißen und eine Zeit aufzubauen, eine Zeit zu weinen und eine Zeit zu lachen, eine Zeit zu klagen und eine Zeit zu tanzen, eine Zeit, Steine wegzuwerfen, und eine Zeit, Steine zu sammeln, eine Zeit zu umarmen und eine Zeit, sich der Umarmung zu enthalten, eine Zeit zu suchen und eine Zeit zu verlieren, eine Zeit aufzubewahren und eine Zeit fortzuwerfen, eine Zeit zu zerreißen und eine Zeit zu nähen, eine Zeit zu schweigen und eine Zeit zu reden, eine Zeit zu lieben und eine Zeit zu hassen, eine Zeit des Krieges und eine Zeit des Friedens". [Prediger 3,1-8]

Dieser Text bringt in einzigartiger Weise unsere Lebenserfahrung zum Ausdruck, dass alles, was wir in unserem Leben erfahren und erleben, in irgendeiner Weise mit der Zeit verknüpft ist. Vom ersten Klaps auf dem Po kurz nach unserer Geburt bis zum letzten Atemzug auf dem Totenbett vergeht die Zeit, und wir können nichts dagegen unternehmen.

Sicherlich vergeht die Zeit subjektiv gesehen unterschiedlich schnell. Für den Einen sind die 90 Sekunden, die er zum Lesen des bisherigen Textes benötigt hat, sehr schnell vergangen, und der Andere denkt sich vielleicht, was denn erst 90 Sekunden, wie lange muss ich denn an diesem Text noch lesen? Dieses Phänomen, das verschiedene Menschen eine objektiv gemessene Zeit subjektiv unterschiedlich lang erleben, werden Sie lieber Leser wahrscheinlich selbst schön öfter erlebt haben.

Aber dennoch, unabhängig von dem eigenen Zeitempfinden, gehört diese fundamentale Erfahrung der Zeit genauso zum Leben wie die Erfahrung des Raumes. Der Mensch ist als Bewohner der materiellen Welt so sehr in einer Matrix aus Raum und Zeit eingebunden, dass sich sein ganzes Denken und Fühlen in diesen Regionen abspielt. Dies bestätigt uns auch Emanuel Swedenborg in seinem Werk »GLW«, wenn er in der Nummer 69 schreibt:

„Zweierlei ist der Natur eigen, RAUM und ZEIT: aus diesen bildet der Mensch in der natürlichen Welt die Vorstellungen seines Denkens und aus ihnen seinen Verstand. Bleibt er in diesen Vorstellungen und erhebt sein Gemüt nicht über sie, so kann er durchaus nichts Geistiges und Göttliches fassen; denn er hüllt es in die Vorstellungen ein, die von Raum und Zeit entlehnt sind, und insoweit er dies tut, insoweit wird das Licht seines Verstandes bloß natürlich, und aus diesem natürlichen Verstandeslicht über das Geistige und Göttliche denken und Schlüsse ziehen, ist wie aus dem Dunkel der Nacht über das denken, was bloß im Licht des Tages erscheint."

Nachdem Swedenborg in diesem Zitat noch einmal die allgegenwärtige Präsenz von Raum und Zeit in unserem Denken bestätigt hat, weist er auf einen wichtigen Aspekt der geistigen Welt hin. Er macht darauf aufmerksam, dass sich das Gemüt des Menschen über seine von Raum und Zeit entlehnten Vorstellungen erheben muss, wenn es Geistiges und Göttliches fassen will. Denn Gott und die geistige Welt befinden sich jenseits von Raum und Zeit und somit jenseits unserer aus der natürlichen Welt resultierenden Begrifflichkeiten.

Unser Denken und unsere Kommunikation mit anderen Menschen basieren auf einem Wortschatz, der mit Begriffen aus unseren sinnlichen Erfahrungen durchsetzt ist. So gesehen sind Worte eigentlich nichts anderes als Gefäße, welche mit aus Raum und Zeit entlehnten Erfahrungen und Gefühlen belegt sind, die dazu dienen, Informationen zu transportieren, sei es in uns (beim Denken) oder außerhalb von uns, wenn wir mit anderen Menschen komunizieren.

Oft geschieht es allerdings, dass die Inhalte der Wortgefäße von verschiedenen Menschen mit unterschiedlichen Erkenntnissen und Empfindungen belegt werden, sodass es nicht selten vorkommt, dass sich zwei Menschen völlig missverstehen, obwohl sie die gleichen Worte verwenden. Die Ursachen hierfür können z. B. darin bestehen, dass die Gesprächspartner aus unterschiedlichen Regionen Deutschlands kommen oder, dass zwischen ihnen ein großes Gefälle im Bildungsniveau besteht.

Ein ähnliches Problem ergibt sich, wenn der natürliche Mensch den Versuch unternimmt, Texte zu verstehen, deren Inhalte aus der geistigen Welt stammen. Denn dort werden Dinge beschrieben, für die es in der natürlichen Welt gar keine Worte gibt. Nicht umsonst weist Swedenborg mehrmals in seinen Werken darauf hin, dass in Zeit und Raum angesiedelte Wortinhalte nicht ausreichen, um Geistiges verstehen zu können. In der »GLW«, Nr. 51, schreibt er:

„Eines aber bitt' ich: Menge nicht Zeit und Raum in deine Vorstellungen; soviel nämlich beim Lesen des Nachfolgenden deinen Vorstellungen Zeit und Raum anhaftet, wirst Du es nicht verstehen. Denn das Göttliche ist nicht in Zeit und Raum, ..."

Wenn wir also die Texte der Bibel und die von Emanuel Swedenborg in ihrer geistigen Bedeutung verstehen wollen, dann werden wir gut daran tun, wenn wir uns mit der Frage auseinandersetzen, was Raum und Zeit ist.

Die heutige Naturwissenschaft ist sich mit Emanuel Swedenborg darin einig, dass es den Raum und die Zeit erst seit der Entstehung von Materie gibt. Erst seitdem sich subatomare Teilchen zu Atomen, Molekülen, ganzen Sonnen und Sternenhaufen zusammengefunden haben, ist eine Daseinsebene entstanden, die eine räumliche Ausdehnung und die Zeit kennt. Ohne Materie gäbe es keine dreidimensionalen Räume und auch keine Zeit. Der Grund dafür, dass Raum und Zeit einander bedingen, liegt darin begründet, dass ohne Zeit keine Bewegung möglich wäre und die Bewegung eine Grundvoraussetzung des Raumes und der Materie ist. Denken wir nur daran, mit welch einer immensen Geschwindigkeit die Elektronen um ihren Atomkern sausen und dadurch das Volumen des Atoms bilden. Erst durch die Verbindung großer Mengen von Atomen erreicht die Materie eine Konsistenz, die unserer sinnlichen Erfahrung zugänglich wird. Und weil wir die Materie mit unseren fünf Sinnen fühlen, riechen, schmecken, hören und sehen können sind wir fest von der Existenz räumlicher Dimensionen überzeugt.

Hier stellt sich die Frage: Könnten wir den Raum auch dann sehen, wenn die Zeit nicht existieren würde?

Wenn es keine Zeit gäbe, könnten wir uns nicht durch den Raum bewegen, um ihn uns anzusehen, noch nicht einmal unsere Augen bewegen, da ja jede Bewegung das Vorhandensein der Zeit erfordert. Man könnte also sagen: Gäbe es keine Zeit, so würde für uns kein Raum existieren, da wir ihn nicht wahrnehmen könnten - egal auf welche Weise auch immer. Das Gleiche gilt natürlich auch für die Materie im Allgemeinen. Gäbe es keine Zeit, könnten keine elektromagnetischen Schwingungen die subatomaren Teilchen bilden, die die Grundlage der Atome und somit der gesamten Materie darstellen. Man kann also festhalten, dass es ohne die Zeit keinen Raum gäbe.

Andersherum verhält es sich ebenso: Ohne den Raum gäbe es keine Zeit. Denn Zeit ist unmittelbar mit Bewegung verbunden, und wenn sich die Erde nicht im Weltenraum um die Sonne bewegen würde und das Pendel der Uhr sich nicht im Raum hin und her bewegen könnte, hätten wir keine Möglichkeit, Zeit zu messen. Und wenn man die Zeit mangels Raum nicht messen kann, müsste man sie als "nicht existent" betrachten. Den Umstand, dass Raum und Zeit nicht unabhängig voneinander und von der Materie existieren, formulierte Albert Einstein mit den Worten: „Entferne Materie aus dem Universum, und du entfernst auch Raum und Zeit."

Die uns geläufige Zeiteinteilung in Jahre und Tage ist auf die Bewegung der Erde um die Sonne sowie ihre Eigenrotation zurückzuführen. Dass der Tag zweimal 12 Stunden hat, ist eine mehr oder weniger willkürliche Festlegung. So hat man bis ins 18. Jahrhundert eine Stunde gewöhnlich als den zwölften Teil der Zeit zwischen Sonnenaufgang und Sonnenuntergang oder zwischen Sonnenuntergang und Sonnenaufgang definiert, was dazu führte, dass die Tagesstunden im Sommer länger waren als im Winter. Während der Französischen Revolution gab es Bestrebungen, den ganzen Tag in 10 Stunden à 100 Minuten einzuteilen. Wie wir alle wissen, hat sich diese Zeiteinteilung nicht sehr lange gehalten.

Unabhängig davon, mit welchen Maßstäben wir die Zeit einteilen, ändert dies nichts an dem Umstand, dass Raum und Zeit einander bedingen. Unsere Lebenserfahrung sagt uns, dass jeder Raum aus drei Dimensionen besteht: nämlich aus Länge, Breite und Höhe. Doch ohne die Zeit, welche man oft als die vierte Dimension bezeichnet, könnte keine dieser drei Dimensionen existieren.

Diese kleine Exkursion in das Zusammenspiel von Raum und Zeit erschien mir deshalb notwendig, damit wir uns darüber im Klaren werden, dass sich zum einen unser ganzes Denken und Fühlen in den Kategorien von Raum und Zeit abspielt und dass es zum anderen außerhalb der materiellen Schöpfung weder Raum noch Zeit gibt. Und so ist es nicht weiter verwunderlich, dass sich Gott und Seine geistige Schöpfung jenseits unserer von Raum und Zeit durchsetzten Vorstellungen befinden.

Wenn wir uns allerdings die Jenseitsberichte von Emanuel Swedenborg anschauen, dann werden wir feststellen, dass sich die Personen in den dort aufgeführten Berichten in einer räumlichen und zeitlichen Ebene bewegen. So ist es nicht selten der Fall, dass sich in diesen Texten die Menschen in wunderschönen Landschaften aufhalten, die mit einer üppigen Flora und Fauna gesegnet sind. Die Häuser, in denen sie wohnen, gleichen oft schönen Palästen und sind mit allerlei Hausrat versehen. Sehr oft finden sich in den Jenseitsberichten ganze Gruppen von Menschen, die gemeinsam durch irgendwelche Landschaften ziehen und dabei miteinander kommunizieren.

Die meisten dieser Jenseitsberichte sind so verfasst, dass es dem Leser relativ leicht fällt, den Handlungsabläufen zu folgen, denn die Landschafts-, Orts-, Haus- und Personenbeschreibungen entsprechen meist völlig unserem Erfahrungsschema. Die Räumlichkeiten werden dreidimensional beschrieben und die Handlungsabläufe weisen auf die Existenz von Zeit hin, sodass sich dem Leser dieser Schriften der Eindruck aufdrängt, dass es zwischen dem Diesseits und dem Jenseits in Bezug auf Raum und Zeit keinen Unterschied gibt. Dies bestätigt uns auch Emanuel Swedenborg in seinem Werk »Himmel und Hölle«, wo man unter der Nr. 461 lesen kann:

„Dass der Mensch, wenn er aus der natürlichen Welt in die geistige übergeht, welches geschieht, wenn er stirbt, all das Seinige, oder was zu seinem Menschen gehört, mit sich nimmt, mit Ausnahme seines irdischen Leibes, ist mir durch vielfache Erfahrung gewiss geworden; denn wenn der Mensch in die geistige Welt oder in das Leben nach dem Tod eintritt, so ist er in einem Leibe wie in der Welt; dem Anschein nach ist gar kein Unterschied; weil er keinen Unterschied fühlt und empfindet; allein sein Leib ist ein geistiger, also vom Irdischen geschiedener oder gereinigter, und da das Geistige das Geistige berührt und sieht, so ist es ganz, wie wenn das Natürliche das Natürliche berührt und sieht; daher denn der Mensch, wenn er ein Geist geworden ist, nicht anders weiß, als das er in seinem Körper ist, in dem er in der Welt war, und somit nicht weiß, dass er gestorben ist.

Der Geistmensch besitzt auch jeden äußern und inneren Sinn, den er in der Welt hatte; er sieht wie zuvor, er hört und redet wie zuvor, er riecht und schmeckt auch, und wenn er berührt wird, fühlt er auch, wie zuvor; er begehrt auch, verlangt, wünscht, denkt, überlegt, wird angeregt, liebt, will, wie zuvor; und wer Freude an wissenschaftlicher Beschäftigung hat, liest und schreibt wie zuvor; mit einem Wort, wenn der Mensch von dem einen Leben ins andere, oder von der einen Welt in die andere übergeht, so ist es, wie wenn er von einem Ort in den andern [geht] und alles mit sich nimmt, was er in sich als Mensch besitzt, sodass man nicht sagen kann, dass der Mensch nach dem Tod, der bloß derjenige seines irdischen Körpers ist, etwas von dem Seinigen verloren habe ..."

Wenn man einmal von dem materiellen Körper absieht, scheint es bei oberflächlicher Betrachtung keinen wesentlichen Unterschied zwischen dem Hier und dem Dort zu geben. Der Verstorbene ist immer noch mit seinen fünf Sinnen ausgestattet, er denkt, sieht, hört, empfindet und redet genauso wie zu Lebzeiten, sodass es nicht weiter verwunderlich ist, wenn uns die Beschreibung seiner Lebensumstände sehr vertraut erscheint. Allerdings gibt es einige Dinge in den Jenseitsbeschreibungen, die sich von unserer Lebenserfahrung völlig unterscheiden.

Da ist z. B. der Umstand, dass es in der jenseitigen Welt keine Wechsel der Jahres- und Tageszeiten gibt. Wir können zwar von Verstorbenen lesen, die in der Dunkelheit der Nacht Ihr Dasein, fristen aber es steht nichts davon in den Büchern, dass sich automatisch nach einer gewissen Zeit der Morgen einstellt. Meist werden die Tageszeiten in der Verbindung mit den Himmelsrichtungen erwähnt, so gibt es in der jenseitigen Welt Verstorbene, die im Osten also im Land des Sonnenaufgangs leben und natürlich auch Geister, die in den westlichen Ländern des Sonnenuntergangs leben. Selbstverständlich sind auch die anderen Himmelsrichtungen von Geistern bewohnt. Aber unabhängig davon, in welcher Region die Verstorbenen leben, ist es in der Regel doch so, dass sich in diesen Gegenden die Tages- oder Jahreszeit nicht verändert.

Die Folge dieses Phänomens besteht darin, dass die Jenseitigen keine Möglichkeit haben, eine objektive Zeit zu messen und wenn man die Zeit nicht messen kann, dann existiert sie auch nicht. Dies wird in dem Werk GLW«, Nr. 70, bestätigt. Dort schreibt Swedenborg:

„Jene zwei Eigenheiten der Natur, welche, wie gesagt, Raum und Zeit sind, legen alle ab, welche sterben und Engel werden; denn alsdann kommen sie in geistiges Licht, in welchem die Gegenstände des Denkens Wahrheiten sind und die Gegenstände des Gesichtes Ähnliches wie in der natürlichen Welt, aber ihren Gedanken Entsprechendes. Die Gegenstände ihres Denkens, welche, wie gesagt, Wahrheiten sind, haben nichts von Raum und Zeit an sich. Die Gegenstände ihres Gesichts aber erscheinen zwar wie in Raum und Zeit, gleichwohl aber denken sie nicht aus diesen. Die Ursache ist, dass die Räume und Zeiten daselbst nicht fest sind wie in der natürlichen Welt, sondern veränderlich, je nach den Zuständen ihres Lebens, weshalb dafür in den Vorstellungen ihres Denkens Lebenszustände sind, für die Räume solche, was sich auf die Zustände der Liebe bezieht, und für die Zeiten solches, was sich auf die Zustände der Weisheit bezieht."

In diesem Zitat wird sehr deutlich zum Ausdruck gebracht, dass es nach dem Hinübergang in die andere Welt weder Raum noch Zeit gibt. Aber dennoch erscheinen dem Verstorbenen die Gegenstände, die er vor seinen geistigen Augen sieht, durchaus so, als wären sie aus Raum und Zeit entnommen. Dieser scheinbare Widerspruch löst sich dann auf, wenn man bedenkt, dass die Dinge, die der Verstorbene mit seinen geistigen Augen sieht, Vorstellungen seines Denkens sind. Das heißt, dass er die Gedanken, die aus seinem Willen gespeist werden, so erlebt, als wären sie außerhalb von ihm.

Die Engel sehen die Gegenstände, Landschaften und Menschen ihrem inneren Zustand gemäß so, als würden sie sich noch auf der irdischen Welt befinden. Aber eben mit dem entscheidenden Unterschied, dass alles, was sie sehen, nicht außerhalb, sondern innerhalb von ihnen stattfindet. In Abhängigkeit von der vorherrschenden Lebensliebe gestaltet sich die nach außen projizierte Umwelt des Verstorbenen. Ist die Liebe auf den Herrn ausgerichtet, wird sich die Gegend, in der er sich aufhält, mehr im Osten zum Zeitpunkt des Sonnenaufgangs befinden, und ist die Liebe gänzlich vom Herrn abgewendet, wird die Gegend sehr weit im Westen, im letzten Abendgrauen, liegen. So gesehen hängt alles, was der jenseitige Geist sieht und erlebt, von den Zuständen seines Lebens ab. Die Folge davon ist die, dass die Räume und die Zeiten nicht fest sind wie in der natürlichen Welt, sondern veränderlich, je nach den Zuständen ihres Lebens.

Wenn sich ein Geist in seiner Welt z. B. von A nach B begeben will, dann kann er das nur, wenn sich sein inwendiger Zustand verändert, denn alle Fortbewegungen in der geistigen Welt geschehen durch Zustandsveränderungen des Inwendigen, sodass die Fortbewegungen nichts anderes als Veränderungen des Zustands sind. Auf diese Art und Weise bewegen sich alle Engel von Ort zu Ort, für sie gibt es keine Abstände, und somit auch keine Räume, sondern statt derselben Zustände und deren Veränderungen. Hierzu schreibt Swedenborg in seinem Werk »Himmel und Hölle«, Nr. 192:

„Alle Fortbewegungen in der geistigen Welt geschehen durch Zustandsveränderungen des Inwendigen, sodass die Fortbewegungen nichts anderes sind als Veränderungen des Zustands; in dieser Weise bin auch ich vom Herrn in die Himmel und auf die Erdkörper im Weltall geführt worden, und zwar dies dem Geiste nach, während der Körper an demselben Orte blieb; in dieser Weise bewegen sich alle Engel von Ort zu Ort, daher es für sie keine Abstände, und wenn keine Abstände, auch keine Räume gibt, sondern statt derselben Zustände und deren Veränderungen."

Ortsveränderungen sind demnach Erscheinlichkeitsveränderungen, die aus einer Veränderung des inwendigen Zustands resultieren. Wenn sich also im Gemüt eines Verstorbenen der Wunsch regt, die erscheinliche Stadt, in der er sich gerade befindet, zu verlassen, dann kann er dies nicht, indem er sich ein Taxi oder einen Wagen mit zwei davor gespannten Pferden ruft, um damit aufs Land zu fahren. Erst wenn sich in seiner Lebensliebe die entsprechende Zustandsveränderung eingestellt hat, wird sich die örtliche Erscheinlichkeit von einer Stadt in eine entsprechende Landschaft verwandeln. Eine Ortsveränderung ist somit keine Frage der Weglänge, sondern eine Frage der Zustände des Inwendigen.

Die Erkenntnis, die sie hieraus ergibt, ist die, dass es keine messbaren Abstände zwischen zwei Orten in der geistigen Welt gibt. Das Gleiche gilt auch für alle im Jenseits zu betrachtenden Gegenstände. Auch wenn es in der Erscheinlichkeit so aussieht, als hätte das Haus, in dem der Geist wohnt, eine räumliche Ausdehnung, so hat er doch keine messbare Breite, Länge und Höhe. Denn auch die scheinbaren Dimensionen des Hauses sind von den inwendigen Zuständen des Geistes abhängig.

Obwohl es für uns sehr schwer nachzuvollziehen ist, müssen wir uns einfach mit dem Gedanken anfreunden, dass Räume in der jenseitigen Welt nichts mit unseren Vorstellungen von dreidimensionalen Räumen gemein haben. Der jenseitige Raum ist ein Spiegelbild der jeweiligen Liebeszustände, in denen sich der Geist gerade befindet, während die jenseitige Zeit etwas mit der Beschaffenheit des Zustandes zu tun hat. Ist der Zustand, in dem sich der Jenseitige befindet, angenehm, so erscheint die Zeit kurz, ist der Zustand unangenehm, erscheint die Zeit lang.

Ein weiterer wichtiger Aspekt dafür, dass es im Jenseits keine Zeit gibt, liegt darin begründet, dass es dort zwar ähnlich wie bei uns eine Sonne gibt, diese sich aber immens von der Unsrigen unterscheidet. Denn zum einen steht die geistige Sonne fest am Firmament, was zur Folge hat, dass die Bewohner der jenseitigen Welt die Sonne in Abhängigkeit von ihrem inneren Zustand immer an der gleichen Stelle stehen sehen. Es gibt also keinen Wechsel der Tages- und Jahreszeiten und somit auch keine Möglichkeit, aus dem Sonnenstand irgendwelche Zeiten abzulesen. Zum anderen ist die Wärme und das Licht der geistigen Sonne nicht vergleichbar mit der Wärme und dem Licht der natürlichen Sonne, denn die Wärme der geistigen Sonne symbolisiert das Gute der tätigen Liebe und das geistige Licht entspricht dem Wahren des Glaubens.

Um verstehen zu können, warum die Wärme der geistigen Sonne dem Guten der tätigen Liebe und das Licht der geistigen Sonne dem Wahren des Glaubens entspricht, muss man bedenken, dass die geistige Sonne in der Erscheinlichkeit der Ort ist, von dem aus die göttliche Liebe und Weisheit in die Engel einfließt. Dieser Einfluss der göttlichen Liebe und Weisheit, man könnte auch sagen, des göttlichen Lebens, ist eine absolute Notwendigkeit, da kein Lebewesen und somit natürlich auch kein Geist und kein Engel sein Leben aus sich, sondern ausschließlich aus Gott hat. Hierzu kann man in der »GLW« in den Nummern 4 und 5 lesen:

„Der Herr, welcher der Gott des Weltalls ist, ist unerschaffen und unendlich; der Mensch hingegen und der Engel sind erschaffen und endlich. Und weil der Herr unerschaffen und unendlich ist, so ist er das Sein selbst, welches 'Jehova' heißt, und ist das Leben selbst oder das Leben in sich.

Aus dem Unerschaffenen, Unendlichen, dem Sein selbst und dem Leben selbst, kann nicht jemand unmittelbar geschaffen werden, weil das Göttliche Eines und unteilbar ist. Er muss vielmehr aus Geschaffenem und Endlichem sein, das so gebildet ist, dass das Göttliche in ihm wohnen kann. Weil die Menschen und die Engel von dieser Art sind, sind sie Aufnahmegefäße des Lebens. Da nun Leben und Liebe eines sind, so folgt, dass der Herr, weil Er das Leben selbst ist, auch die Liebe selbst ist.

Um sich dies zum Verständnis zu bringen, muss man vor allem wissen, dass der Herr, weil Er die Liebe in ihrem Wesen selbst, d. h. die göttliche Liebe ist, vor den Engeln im Himmel als Sonne erscheint und dass aus dieser Sonne Wärme und Licht hervorgehen und dass die daraus hervorgehende Wärme in ihrem Wesen Liebe und das daraus hervorgehende Licht in seinem Wesen Weisheit ist und dass die Engel, inwieweit sie jene geistige Wärme und jenes geistige Licht in sich aufnehmen, Gestalten der Liebe und Weisheit sind, nicht Weisheit und Liebe aus sich, sondern aus dem Herrn."

Dieses Zitat macht recht deutlich, dass die geistige Sonne der Lebensspender für alle Geister in der jenseitigen Welt ist. Das ist vergleichbar mit der natürlichen Sonne, die ja unser Lebensspender ist. Ohne unsere Sonne wäre die Erde ein lichtloser tiefgefrosteter Eisklumpen, auf dem keinerlei Leben möglich wäre. Genauso ist es in der Geistigen Welt, ohne den ständigen Zufluss göttlicher Lebensenergie in der Form von geistiger Wärme und geistigem Licht könnten die Geister in der anderen Welt nicht leben. Mit anderen Worten ausgedrückt, das Leben aller Geschöpfe in der geistigen Welt aber auch in der natürlichen Welt hängt davon ab, dass ein ständiger Einfluss göttlicher Lebensenergie stattfindet.

Dieser Gedanke, dass wir nicht aus uns selbst leben, sondern "nur" ein Aufnahmegefäß für die göttliche Liebe sind, ist für uns, deren Denkstrukturen in Raum und Zeit verhaftet sind, nur sehr schwer nachzuvollziehen. Vielleicht kann man diesen Gedanken etwas leichter nachempfinden, wenn man bedenkt, dass der unerschaffene und unendliche Gott die einzige Liebe und das einzige Leben ist. Wenn Er nun Geschöpfe in das Dasein stellen würde, die auch ein eigenes Leben hätten, dann müsste Gott von Seinem Leben ein Stück abgeben. Dies ist aber nicht möglich, denn weder Gott noch das Leben sind teilbar. Und so kann Gott seine Geschöpfe nicht unmittelbar, das heißt direkt aus sich herausstellen, sondern Er muss für sie Substanzen bereitstellen, aus denen Er Geschöpfe in Sich selbst erschaffen kann. Dadurch, dass die natürliche und geistige Schöpfung innerhalb der Gottheit stattgefunden hat, konnte Er Lebewesen erschaffen ohne, dass Sein Leben weniger wird.

Die Substanzen, aus denen die geistige und natürliche Schöpfung besteht, entspringen der göttlichen Liebe und Weisheit. Das bedeutet, dass die Gedanken und Ideen Gottes in der Verbindung mit dem göttlichen Willen die Energieimpulse bereitstellen, aus denen die gesamte Schöpfung ihr Dasein nimmt. Natürlich besteht auch die Materie aus solchen Energieimpulsen. Denken wir nur einmal daran, dass die kleinsten Materiegrundbausteine im subatomaren Raum letztendlich nichts weiter als Energiekonzentrationen sind, die sich mit großer Geschwindigkeit innerhalb des Atomgefüges bewegen.

Obwohl diese göttlichen Substanzen von Gott innerhalb der Gottheit zu wunderbaren Schöpfungen zusammengefügt wurden, haben sie dennoch nichts Göttliches an sich. Denn alles, was von Gott erschaffen wurde, ist an sich unbeseelt und tot. Dies liegt darin begründet, dass ja nur im unerschaffenen und unendlichen Gott das Leben ist und somit kann im Erschaffenen und Endlichen kein eigenes Leben und somit auch nichts Göttliches sein. Dadurch aber, dass sich die aus den unbeseelten Substanzen zusammengefügte Schöpfung innerhalb der Gottheit befindet, wird sie von Gott beseelt und belebt. Mit anderen Worten, Gott selbst haucht den Geschöpfen, die seine Schöpfungsräume bewohnen, die Seele und das Leben ein. Hierzu kann man in der »GLW« in der Nummer 53 lesen:

„Von dem Erschaffenen und Endlichen kann man zwar sagen, dass es sei und sein Dasein habe, dann dass es Substanz und Form, sowie auch Leben, ja Liebe und Weisheit sei, aber alles dieses ist erschaffen und endlich. Der Grund, warum man so sagen kann, ist nicht, dass es etwas Göttliches hätte, sondern dass es im Göttlichen ist und dass das Göttliche in ihm ist: denn alles, was erschaffen ist, ist an sich unbeseelt und tot; es wird aber beseelt und belebt dadurch, dass das Göttliche in ihm ist und es im Göttlichen."

Diese Worte bestätigen uns noch einmal, dass alle Geschöpfe nur deshalb ein Leben haben, weil sie sich zum einen in Gott befinden und zum anderen durch die göttliche Liebe beseelt und belebt werden. Denn obwohl das Göttliche in allen Dingen des erschaffenen Weltalls ist, so ist ihnen doch nichts Göttliches eigen, denn weder die erschaffene geistige Welt noch das erschaffene Weltall ist Gott, sondern von Gott; und weil es von Gott ist, so ist in ihm Sein Bild, wie das Bild eines Menschen im Spiegel, in welchem der Mensch erscheint, obwohl nichts vom Menschen in ihm ist.[14]

Natürlich ist dann die geistige Sonne, aus der die Jenseitigen ihr Leben beziehen, auch nicht Gott, sie ist lediglich die erste Quelle, aus der die göttliche Liebe und Weisheit ihre belebende Wärme und ihr Licht in die Schöpfung hinausstrahlt. Alle Lebewesen verdanken dieser geistigen Sonne ihre Existenz, auch wir Menschen dieser Erde, denn die natürliche Wärme ist letztendlich von dem Einfluss der geistigen Wärme abhängig. In der »GLW«, in der Nummer 93, schreibt Swedenborg hierzu:

„Unter jener den Engeln sichtbaren Sonne, aus der sie Wärme und Licht haben, wird nicht der Herr selbst verstanden, sondern es wird verstanden das erste Hervorgehende aus Ihm, welches der höchste Grad der geistigen Wärme ist. Der höchste Grad der geistigen Wärme aber ist geistiges Feuer, und dieses ist die göttliche Liebe und die göttliche Weisheit in ihrer ersten Entsprechung.

---

[14] »GLW« Nr. 59

Daher kommt es, dass jene Sonne feurig erscheint und auch feurig ist für die Engel, nicht aber für die Menschen. Das Feuer, welches Feuer für die Menschen ist, ist nicht geistig, sondern natürlich, und zwischen diesen besteht ein Unterschied wie zwischen Lebendigem und Totem, weshalb die geistige Sonne durch die Wärme die Geistigen belebt und das Geistige wiederherstellt, die natürliche Sonne aber zwar in gleicher Weise die Natürlichen und das Natürliche jedoch nicht aus sich, sondern mittels eines Einflusses der geistigen Wärme, der sie untergeordnete Hilfe leistet."

Wir sehen also, alle Geschöpfe im gesamten Weltenraum leben aus dem Einfluss des geistigen Feuers der geistigen Sonne, die ihrem Wesen nach göttliche Liebe und Weisheit ist. Selbstverständlich darf man sich diese Sonne nicht so vorstellen, dass sie unserer natürlichen Sonne ähnlich, ein glühender Feuerball ist, der irgendwo am Firmament steht. Denn in diese Betrachtungsweise würden schon wieder Raum und Zeit einfließen, und somit wäre es nicht möglich, die wahre Bedeutung des Wortgefäßes "geistige Sonne" zu erfassen.

Wie bereits angedeutet, ist die geistige Sonne das erste Hervorgehende Gottes oder die Quelle alles Lebens in Seiner geistigen und materiellen Schöpfung. Dieser Lebensborn macht ja nur dann Sinn, wenn das Leben, welches aus ihm ständig herausquillt, irgendwo hinfließen kann. Und in der Tat ist es so, dass das göttliche Leben in die unendlichen Weiten des geschaffenen Universums einfließt und so alle Geschöpfe Gottes erhalten und belebt werden. Nicht umsonst schreibt Swedenborg in der »Erklärten Offenbarung«, Nr. 31:

„Der Herr, welcher die Sonne der geistigen Welt ist, und von dem die, welche unter dieser Sonne sind, all' ihr Wesen, all' ihr Leben und alle ihre Kraft haben; mit einem Worte: aus Ihm sind wir, leben wir, und bewegen wir uns."

Der Bereich des menschlichen Gemüts, in den die göttliche Lebenskraft einströmt, ist das Herz des Menschen. Wobei nicht das fleischliche, sondern das geistige Herz in unserem Gemüt gemeint ist, welches sozusagen die Schnittstelle zwischen dem Herrn und uns ist. Dort fließt zum einen die allgemeine Lebenskraft ein, die es ermöglicht, dass der Mensch wie aus sich selbst leben kann und zum anderen fließt die spezielle Lebenskraft ein, die der Mensch erhält, wenn er damit beginnt, seinen weltzugewandten Willen umzuwandeln. Diese Umwandlung des weltzugewandten Willens bewirkt, dass der Herr in die Tiefen unseres Gemüts vordringen kann, um dort das Feuer unserer persönlichen geistigen Sonne zu entfachen.

Auf der irdischen Daseinsebene bemerkt der Mensch meist nicht allzu viel davon, dass in ihm die geistige Sonne aufgegangen ist. Durch unser in Raum und Zeit verhaftetes Erleben sind wir in der Regel nicht in der Lage, in die Tiefen unseres Gemüts einzutauchen, in denen sich diese Vorgänge abspielen. Ganz anders sieht die Situation auf der jenseitigen Ebene aus, denn dort wird ja die innere Sonne nach außen projiziert. Und so stellt es sich für den Geist oder Engel so dar, als ob vor seinen geistigen Augen am Himmel der feurige Ball einer Sonne steht. Wobei der Standort und die empfundene Sonnenwärme völlig davon abhängig sind, inwieweit die göttliche Liebe in den Geist einfließen kann.

Aus dem bisher Gesagten können wir also festhalten, dass durch die Wärme und das Licht der geistigen Sonne das göttliche Leben in jedes Geschöpf einfließt. Dies geschieht in der geistigen Daseinsebene unmittelbar und in der materiellen Ebene mittelbar über die natürliche Sonne. Wenn wir nun noch bedenken, dass alle Substanzen, aus denen die gesamte Schöpfung besteht, aus der göttlichen Liebe und Weisheit entstammen und diese göttlichen Schöpfungen nicht außerhalb, sondern innerhalb von Gott stattgefunden haben, dann können wir eine Ahnung davon bekommen, was damit gemeint sein könnte, wenn vom Herrn ausgesagt wird, dass Er bei jedem Geschöpf zu jeder Zeit allgegenwärtig ist.

Gott kann sich liebevoll um jeden einzelnen Menschen und Geist so kümmern, als wenn es das einzige Geschöpf wäre, das Er jemals ins Dasein gestellt hat, ohne dass Er sich dazu zerteilen oder einen besonderen Terminkalender führen müsste.

Dadurch, dass Gott jenseits von Raum und Zeit ist, ist - um mit Swedenborg zu sprechen - das Göttliche in allem Raum ohne Raum und auch in aller Zeit ohne Zeit; denn nichts, was der Natur eigen ist, kann von dem Göttlichen ausgesagt werden.[15] Mit anderen Worten, weil Gott jenseits von Raum und Zeit ist, die Schöpfung aber innerhalb von Ihm aus Seinen eigenen Gedanken und Ideen entstanden ist und besteht, durchdringt Er mit Seinem vollsten Bewusstsein jedes Detail seiner Schöpfung und ist so überall gegenwärtig. In der »Wahren Christlichen Religion«, Nr. 63, kann man dazu lesen:

„Dass Gott allgegenwärtig ist, vom Ersten bis zum Letzten Seiner Ordnung wird bewirkt durch die Wärme und das Licht aus der Sonne der Geistigen Welt, in deren Mitte Er ist; durch diese Sonne ist die Ordnung geschaffen worden, und dieser gemäß entsendet sie Wärme und Licht, welche das Weltall vom Ersten bis zum Letzen desselben durchdringen, und das Leben bei Menschen und Tieren, sowie die Pflanzenseele in jedem Keim auf Erden hervorbringen; und jene beiden fließen in Alles und Jedes ein, und machen, dass jegliches Subjekt lebt und wächst nach der von der Schöpfung her in sie gelegten Ordnung; und weil Gott nicht ausgedehnt ist, und doch alles Ausgedehnte des Weltalls erfüllt, ist Er allgegenwärtig."

Swedenborg bringt in diesem Zitat ganz deutlich zum Ausdruck, dass durch den Einfluss der geistigen Wärme und des geistigen Lichts die ganze Schöpfung mit dem Leben Gottes erfüllt wird. Und obwohl Gott jenseits von Raum und Zeit ist, und somit keine räumliche Ausdehnung hat, erfüllt Er dennoch das Weltall mit Seiner Allgegenwart. Die Allgegenwart Gottes wird für Swedenborg

---

[15] GLW 73

dadurch gewährleistet, dass die Wärme und das Licht aus der Sonne in der Geistigen Welt, in deren Mitte Gott ist, in die gesamte Schöpfung einfließt.

Hier stellt sich natürlich die Frage, was meint Swedenborg damit, wenn er schreibt, dass Gott in der Mitte der Geistigen Sonne ist? Immerhin handelt es sich hier um die Geistige Sonne in der Geistigen Welt, die sich außerhalb von Raum und Zeit befindet und somit nicht mit geometrischen Begriffen wie Durchmesser, Kreisumfang und Volumen beschrieben werden kann. Wenn es aber nicht möglich ist, die geistige Sonne geometrisch zu beschreiben, dann ist es auch nicht möglich, die Mitte bzw. den Mittelpunkt zu definieren. Erschwerend für das Verständnis kommt noch hinzu, dass der Begriff "Mitte" ein Wortgefäß ist, das aus Raum und Zeit entlehnt ist.

An dieser Stelle wird recht deutlich, mit welchen immensen Schwierigkeiten Swedenborg zu kämpfen hatte, um die tiefen Erfahrungen, die er bei seinen Besuchen in der Geistigen Welt machen durfte, so in Worte zu fassen, dass die aus Raum und Zeit entnommen Worthülsen wenigstens erahnen lassen, was er wirklich erlebt hat. Von daher ist es sicherlich leicht nachvollziehbar, dass man die Worte Swedenborgs, Gott befindet sich in der Mitte der Geistigen Sonne, nicht buchstäblich nehmen darf. Man darf diesen Text schon deshalb nicht wörtlich nehmen, weil sich ja die Geistige Sonne jenseits von Raum und Zeit befindet und somit kein dreidimensionaler Körper mit einem raumörtlichen Mittelpunkt sein kann. Außerdem wird das Verstehen dieses Zitats noch dadurch erschwert, dass es im Prinzip zwei Arten von Geistigen Sonnen gibt, nämlich die allgemeine Geistige Sonne, aus der das Göttliche Leben in die gesamte Schöpfung einfließt, und eine spezielle Geistige Sonne, die von den Geistern in Abhängigkeit ihres inneren Zustands visualisiert wird.

Für beide Sonnenarten gilt, dass sie die von Gott ausgehende Lebenskraft symbolisieren, welche in Form von geistiger Wärme und geistigem Licht die geistige Schöpfung durchdringt und belebt.

Wobei ich noch einmal kurz in Erinnerung rufen möchte, dass die aus der Geistigen Sonne hervorgehende Wärme in ihrem Wesen Liebe und das daraus hervorgehende Licht in seinem Wesen Weisheit ist, also nichts mit der natürlichen Wärme und dem natürlichen Licht zu tun haben.

Wenn nun Swedenborg den Begriff "Mitte" im Zusammenhang mit der allgemeinen Geistigen Sonne verwendet, dann will er mit diesem raumbehafteten Wort die Schnittstelle umschreiben, durch die das Ungeschaffene und Unendliche in das Geschaffene und Endliche einfließt. Dieser Einfluss der Göttlichen Liebe und Weisheit in die Schöpfung ist ein unumgänglicher Akt, denn ohne ihn würde weder die geistige noch die natürliche Welt fortbestehen können. Hier stellt sich nun die Frage: mit welchen Worten soll man diesen Vorgang, der sich ja jenseits unserer aus Raum und Zeit entnommenen Vorstellungen abspielt, beschreiben?

Ich denke, das von Swedenborg gewählte Wort "Mitte" umschreibt diesen Vorgang des göttlichen Einflusses recht gut, denn in der Entsprechungssprache bezeichnet die Mitte das Innerste und den Ausgangspunkt. Diesen Begriffen "Innerste" und "Ausgangspunkt" haften zwar auch Raum und Zeit an, aber dennoch lassen sie in uns eine Ahnung dessen aufkommen, was der Begriff "Mitte" im Zusammenhang mit der Geistigen Sonne aussagen könnte.

Wenn wir zusammenfassen, was wir bisher über die Mitte der Geistigen Sonne zusammengetragen haben, dann drängt sich als erstes die Erkenntnis auf, dass diese Sonne weder in der geistigen Schöpfung noch in der materiellen Schöpfung ein Ort mit irgendwelchen Ausdehnungen oder Dimensionen ist. Zweitens kann man sagen, dass sich Gott zwar in der Mitte der Geistigen Sonne befindet, diese Mitte aber nicht Gott ist. Sie ist zwar in Gott und durch sie strahlt die göttliche alles belebende Liebe in die unendlichen Weiten der Schöpfung, aber dennoch ist die Mitte der Geistigen Sonne nicht Gott. Die Mitte der Geistigen Sonne symbolisiert so gesehen den von Raum und Zeit unabhängigen Einfluss des Lebens unseres unendlichen und ungeschaffenen Gottes in die endliche und geschaffene Schöpfung.

Dieser Vorgang, dass das göttliche Leben unseres unendlichen und ungeschaffenen Gottes in Seine eigene in Ihm Selbst befindliche Schöpfung einfließt, liegt soweit jenseits unserer in Raum und Zeit begründeten Vorstellungsmöglichkeiten, dass es kaum möglich ist, eine einigermaßen verständliche Umschreibung zu finden. Ich sage bewusst Umschreibung und nicht Beschreibung, denn beschreiben kann man ja nur Dinge, die in irgendeiner Weise vorstellbar sind. Deshalb finde ich das von Swedenborg verwendete Bild der Geistigen Sonne mit ihrem göttlichen Zentrum sehr gut gewählt, entspricht es doch durchaus dem, was unseren Erfahrungen mit der natürlichen Sonne gleichkommt. Sendet sie uns doch auch ihre belebende Wärme und ihr Licht, wodurch es der Flora und Fauna ermöglicht wird, auf unserer Erde wachsen und gedeihen zu können.

Ganz ähnlich stellt sich die Situation für den Bewohner der jenseitigen Welt dar. Auch er sieht eine Sonne und erfreut sich an ihrer Wärme und ihrem Licht, nur mit dem Unterschied, dass diese Sonne ein Bild aus seinem Inneren ist. Hierzu möchte ich ein kurzes Zitat aus der »Göttlichen Liebe und Weisheit«, Nr. 63 anführen:

„In der geistigen Welt hingegen sieht man deutlich, dass alle Dinge eine Beziehung auf den Engel haben, denn auch dort befinden sich alle Dinge der drei Reiche. Der Engel befindet sich mitten unter denselben, sieht sie um sich her und weiß auch, dass sie Bilder von ihm sind; ja, wenn das Innerste seines Verstandes aufgeschlossen wird, erkennt er sich und sieht sein Bild in ihnen, kaum anders als in einem Spiegel."

Dies gilt natürlich auch für die von ihm wahrgenommene Sonne, auch sie ist ein Bild aus seinem Innersten, welches er mit seinen geistigen Augen wie außerhalb von sich sieht. Die Intensität der von seiner Geistigen Sonne abgegebenen Wärme und der Helligkeit des Lichts ist genauso wie der erscheinliche Standort am Firmament von dem inneren Zustand des Jenseitigen abhängig. Ist der Zustand dergestalt, dass sich der Geist dem Göttlichen zuwendet, dann kann natürlich durch die Gemütsbereiche, die seine Geistige Sonne ausmachen, mehr Göttliche Wärme und mehr Göttliches Licht einfließen, als wenn sich der Geist dem Göttlichen abwendet.

Selbstverständlich gilt auch für die Geistige Sonne im Gemüt des Menschen und der Geister die Aussage Swedenborgs, dass in der Mitte der Geistigen Sonne Gott ist. In diesem Zusammenhang versteht Swedenborg unter dem Wort "Mitte" das Innerste des menschlichen Gemüts. Unter dem Innersten könnte man das Innewerden oder die erste Wirkung des Lebens verstehen. Oder anders ausgedrückt, das Innerste des Gemüts stellt die Schnittstelle dar, durch die das Göttliche Leben in den Menschen, den Geist oder Engel einfließen kann. Der Mensch lebt nun einmal nicht aus sich selbst, sondern er ist "nur" ein Aufnahmegefäß des Lebens aus Gott und die "Einfüllöffnung" für dieses Leben ist das Innerste des Menschen.

Mit anderen Worten, das Innerste des Menschen ist der keimhaft angelegte Seelenbereich, in den der Herr mit Seiner Liebe einfließen möchte, um dort unsere Geistige Sonne zum Leuchten zu bringen. Hierin unterscheidet sich die allgemeine Geistige Sonne von der speziellen Geistigen Sonne, denn den allgemeinen Einfluss des göttlichen Lebens kann der Mensch nicht beeinflussen. So wie der Körper eines jeden Lebewesens auf unserer Erde die wärmenden Strahlen der natürlichen Sonne braucht, um existieren zu können, braucht der Geistmensch den ständigen Einfluss der allgemeinen Geistigen Sonne, um wachsen und gedeihen zu können.

Im Gegensatz zum allgemeinen Einfluss des Göttlichen Lebens hat der Mensch beim speziellen Einfluss in das Innerste seines Gemüts eine nicht unerhebliche Einflussnahmemöglichkeit. Denn nur er allein kann die Weichen in seinem Leben so stellen, dass Jesus Christus in sein Herz einziehen kann. Es hängt ausschließlich vom jeweiligen Menschen ab, ob er bereit ist, alles zu unternehmen, um seinen weltzugewandten Willen so umzuwandeln, dass die Göttliche Wärme und das Göttliche Licht in das Innerste des Menschen vordringen kann, oder ob er sich lieber den Verlockungen der Welt hingibt.

Damit dereinst unsere Geistige Sonne in unserm Gemüt erstrahlen kann, ist es unbedingt notwendig, dass der Mensch wiedergeboren wird. Damit der Mensch wiedergeboren werden kann, ist es unumgänglich, dass sein Wille umgebildet wird. Unter der Umbildung des Willens wird die völlige Loslösung der Lebensliebe von der Welt und die unbedingte Hinwendung zum Herrn verstanden. Diese Umbildung des Willens kann, laut Swedenborg, nur über die Weisheit des Verstandes geschehen. In der »Wahren Christlichen Religion«, Nr. 587, kann man dazu Folgendes lesen:

„Die vom Verstand aufgenommenen Dinge heißen Wahrheiten; weshalb es gleichviel ist, ob man sagt, die Umbildung geschehe durch den Verstand, oder ob man sagt, sie geschehe durch die Wahrheiten, die der Verstand in sich aufnimmt; denn die Wahrheiten lehren den Menschen, an wen und was er glauben, und dann, was er tun, also was er wollen soll; denn was Einer tut, das tut er aus dem Willen gemäß dem Verstand. Da nun eben der Wille des Menschen von Geburt an böse ist, und da der Verstand lehrt, was böse und was gut ist, und er das Eine wollen und das Andere nicht wollen kann, so folgt, dass der Mensch durch den Verstand umgebildet werden muss; allein so lang er sieht und mit dem Gemüt anerkennt, dass das Böse böse, und das Gute gut ist, und denkt, dass das Gute gewählt werden soll, so lang heißt dieser Zustand Umbildung; wenn er hingegen das Böse fliehen und das Gute tun will, so fängt der Stand der Wiedergeburt an."

Der Mensch, dessen Wille bzw. Lebensliebe auf das Böse, also auf die Welt, ausgerichtet ist, kann nur über seinen Verstand und die ihm innewohnende Weisheit umgebildet werden. Damit der Verstand die zur Umbildung des Willens notwendige Weisheit entwickeln kann, ist die Erkenntnis unumgänglich, dass all unser Wissen, das wir aus der Welt geschöpft haben, von Falschem durchzogen ist. Das heißt, erst wenn wir erkannt haben, dass unser Wissen mit Halbwahrheiten durchtränkt ist, und wenn wir erkennen, dass wir im Grunde genommen keine wirklichen Wahrheiten in uns haben, wird in uns das Bedürfnis nach der echten Wahrheit aufkeimen.

Gelingt es dem Menschen mit der Hilfe des Herrn, seinen Willen so umzubilden, dass er vor dem Bösen flieht und das Gute tut, dann ist er auf dem besten Weg, sein Gemüt so vorzubereiten, dass die Wärme der Göttlichen Liebe und die Strahlen der Göttlichen Weisheit bis in sein Innerstes vordringen können. Geschieht dies, dann kann sich im Osten unseres Gemüts die goldene Sonne über die Bergkämme erheben und mit ihrer Wärme und ihrem Licht die Bergwiesen mit ihren wunderschönen Blumen vorsichtig vom Tau der ewigen Nacht befreien.

Mit diesen sehr bildhaften Worten möchte ich etwas zum Ausdruck bringen, wofür es eigentlich gar keine Worte gibt. Denn als Bewohner zweier Welten - der Natürlichen und der geistigen Welt - gibt es selbstverständlich auch im Gemüt des Menschen Bereiche, die sich jenseits von Raum und Zeit befinden und sich von daher unserem Verständnis weitgehendst entziehen. Wenn wir dennoch ein Gespür dafür entwickeln wollen, welche komplexen Vorgänge sich in den Tiefen unseres Gemüts abspielen, dann ist hierfür die Entsprechungslehre ein sehr gutes Hilfsmittel.

Und so bezeichnet der Osten unseres Gemüts die inneren Gemütsbereiche, die von Anbeginn der Schöpfung für den Herrn vorgesehen waren. Die goldene Sonne, welche sich über die Bergkämme erhebt, bezeichnet den Herrn, wenn Er in unserem Innersten Wohnung nehmen konnte und von dort aus durch die Göttliche Liebeswärme und das Göttliche Weisheitslicht das spezielle Leben in unser Gemüt einfließt.

Als Resümee meiner Ausführungen möchte ich festhalten, dass wir es als Bewohner der materiellen Welt nicht gerade einfach haben, die komplexen Zusammenhänge zwischen dem Diesseits und dem Jenseits zu verstehen. Obwohl wir als Bewohner beider Welten das Jenseits in uns haben, sind wir aufgrund unserer sinnlich orientierten Erziehung nicht in der Lage, in die raum- und zeitlosen Bereiche unseres Gemüts vorzudringen. Aus den gleichen Gründen fällt es uns auch schwer, die Heilige Schrift wirklich zu verstehen. Denn wer beherrscht schon die Kunst, beim Lesen der Bibel Raum und Zeit aus seinen Gedanken zu entfernen?

Glücklicherweise hat Emanuel Swedenborg in seinen Büchern die von ihm wiederentdeckte Lehre von den Entsprechungen beschrieben. Diese Lehre ermöglicht es dem Nutzer, hinter den Horizont des buchstäblichen Wortsinns zu schauen. Mehr hierzu im nächsten Kapitel.

> Die Quantenphysik ist so ein wunderbares Beispiel dafür, dass man einen Sachverhalt in völliger Klarheit verstanden haben kann und gleichzeitig doch weiß, dass man nur in Bildern und Gleichnissen von ihnen reden kann.
>
> [Werner Heisenberg, Physiker und Philosoph]

Die Entsprechungskunde

Gelegentlich kommt es vor, dass ich danach gefragt werde, warum in der Bibel und anderen von Gott inspirierten Schriften so viele Entsprechungen enthalten sind. Wenn ich darauf zur Antwort gebe, dass sich Gott dem Menschen nur in Entsprechungen kundgeben kann, dann begegnet mir nicht selten eine gewisse Skepsis. Meist folgt dann die Feststellung, dass es dem unendlichen und allwissenden Gott ja wohl ein leichtes sein müsse mit uns Menschen sozusagen Klartext zu reden. Als Beleg hierfür werden dann Texte angeführt, in denen Jesus scheinbar in klaren und unmissverständlichen Worten gesprochen hat.

Natürlich ist es ein sehr gutes Argument, wenn darauf aufmerksam gemacht wird, dass es für Gott kein Problem darstellen dürfte den Menschen dieser Erde klare und unverschlüsselte Mitteilungen zu geben. Immerhin ist der Herr allmächtig, allwissend und die Weisheit in Person. Andererseits kann man die Texte in denen uns der Herr durch Emanuel Swedenborg mitteilen lässt, dass die Heilige Schrift ausschließlich in Entsprechungen geschrieben ist, auch nicht einfach ignorieren. So steht z. B. in dem Werk "Himmlische Geheimnisse", Nr. 261, geschrieben:

„Das Wort (also die Heilige Schrift) ist seinem Buchstabensinn nach in bloßen Entsprechungen geschrieben, somit in solchem, was die geistigen Dinge, welche die des Himmels und der Kirche sind, vorbildet und bezeichnet. Dies ist um des inneren Sinns im Einzelnen willen geschehen somit um des Himmels willen, weil die, welche im Himmel sind, das Wort nicht nach seinem Buchstabensinn, welcher natürlich, sondern nach dem inneren Sinn verstehen, welcher geistig ist. Der Herr sprach in Entsprechungen, Vorbildungen und sinnbildlichen Bezeichnungen, weil aus dem Göttlichen. Der Herr sprach so vor der Welt und vor dem Himmel. Die Dinge, die der Herr sprach, erfüllten den ganzen Himmel."

Diese Worte bringen meines Erachtens recht deutlich zum Ausdruck, dass in der Heiligen Schrift keine unverschlüsselten Textstellen enthalten sind. Von daher muss man wohl davon ausgehen, dass der Herr ausschließlich in Gleichnissen gesprochen hat. Zumal es ja auch in den Evangelien geschrieben steht, dass Jesus in Gleichnissen sprach. So heißt es z. B. bei Matthäus 13,34-35:

„Solches alles redete Jesus durch Gleichnisse zu dem Volk, und ohne Gleichnis redete er nicht zu ihnen, auf das erfüllet würde, was gesagt ist durch den Propheten, der da spricht: Ich will meinen Mund auftun in Gleichnissen und will aussprechen die Heimlichkeiten von Anfang der Welt."

Die Frage, die sich hier nun stellt, ist: „Warum sprechen der Herr und die Propheten des Alten Testament ausschließlich in Gleichnissen zu den Menschen dieser Erde?"

Ich denke einer der Hauptgründe dafür, dass der Herr zu den Menschen nur in Gleichnissen spricht, liegt darin begründet, dass der natürliche Mensch keinen sinnlichen Zugang zur geistigen Welt hat. Er ist zwar ein Bewohner zweier Welten, denn sein Körper lebt in der natürlichen Welt und seine Seele lebt in der geistigen Welt, aber seine Sinnesorgane sind nur für die natürliche Welt ausgelegt. Und weil der Mensch die jenseitige Welt weder sehen, hören, riechen, schmecken und fühlen kann, kommt es eben nicht gerade selten vor, dass ihm die Gesetzmäßigkeiten der geistigen Welt völlig unbekannt sind.

Das wäre jetzt auf dem ersten Blick natürlich noch kein Grund, warum die Bibel in Entsprechungen geschrieben wurde. Wenn man allerdings bedenkt, dass es in der geistigen Welt weder Zeit noch Raum gibt, dann bekommt die Sache doch eine andere Wendung. Denn wenn wir die Inhalte der Heiligen Schrift wirklich verstehen wollen, dann müssen wir laut Emanuel Swedenborg aus unserem

Denken Raum und Zeit verbannen. Diesen Rat formuliert er in der Nr. 51 seines Buches "Göttliche Liebe und Weisheit[16]" so:

„Eines aber bitt' ich: menge nicht Zeit und Raum in deine Vorstellungen; soviel nämlich beim Lesen des Nachfolgenden deinen Vorstellungen Zeit und Raum anhaftet, wirst Du es nicht verstehen. Denn das Göttliche ist nicht in Zeit und Raum ..."

Wer also in die tieferen Schichten der Heiligen Schriften eindringen möchte muss lernen geistig zu denken. Geistig denken bedeutet im Gegensatz zum natürlichen Denken, ohne Zeit und Raum zu denken, denn einer jeden natürlichen Denkvorstellung hängt etwas von der Zeit und von dem Raum an.

Swedenborg beschrieb einmal[17], wie er über Gottes Wesen und Allgegenwart von Ewigkeit, das heißt über Gott vor Erschaffung der Welt nachgedacht hat; weil er aber Raum und Zeit noch nicht aus seinen Denkvorstellungen entfernen konnte, bekam er Angst, denn es drängte sich ihm die Vorstellung der Natur anstatt Gottes auf. Da wurde ihm gesagt: Entferne die Vorstellungen des Raums und der Zeit, so wirst Du sehen; da wurde ihm gegeben, sie zu entfernen, und er sah.

Von jener Zeit an konnte Swedenborg Gott von Ewigkeit denken, aber durchaus nicht die Natur von Ewigkeit. Er wurde sich darüber bewusst, dass Gott in aller Zeit ist ohne Zeit, und in allem Raum ohne Raum; die Natur aber ist zu aller Zeit in der Zeit, und in allem Raum in dem Raum.
Im Gegensatz zu Gott, der ohne Zeit und Raum ist, musste die Natur mit ihrer Zeit und ihrem Raum einen Anfang nehmen und entstehen.

---

[16] Die Weisheit der Engel betreffend die Göttliche Liebe und Weisheit
[17] EL 328

Mit anderen Worten ausgedrückt, solange sich der Mensch Gott und die geistige Welt in raumzeitlichen Kategorien vorstellt, wird er nicht wirklich in die tieferen Sinnebenen der Heiligen Schriften eindringen können. Er wird immer im äußeren Buchstabensinn verweilen und ihm wird das, was ihm der Herr durch Sein Wort mitteilen möchte ein Mysterium bleiben.

Möglicherweise ist der Gedanke, dass Gott in aller Zeit ohne Zeit, und in allem Raum ohne Raum ist, für den einen oder anderen etwas ungewohnt. Deshalb möchte ich noch einmal kurz auf die Frage eingehen, woraus denn Gott all die Substanzen gemacht hat, aus denen sowohl die geistige als auch die natürliche Schöpfung besteht.

Ganz spontan könnte man vielleicht denken: „Was für eine Frage, natürlich hat Gott die Substanzen für die Schöpfung aus sich selbst entnommen. Immerhin ist Jehova Gott das einzige Sein und woher, wenn nicht aus sich selbst, soll Er die Substanzen nehmen, aus denen jegliche Schöpfung ihr Dasein hat?"

Schaut man sich diesen Gedanken etwas genauer an, dann wird man schnell bemerken, dass in ihm ein Denkfehler enthalten ist. Denn es gibt nur einen, unteilbaren Gott und von daher kann Er zur Erschaffung seiner Geschöpfe keine Substanzen aus sich selbst verwenden. Könnte Gott sozusagen Teile von sich selbst abzwacken, um daraus seine Schöpfungen in das Dasein zu stellen, dann würde Er sich in der Unendlichkeit zerstreuen und sich selbst schwächen.

Oder anders ausgedrückt, weil Jehova ein unteilbarer Gott ist, musste Er einen Weg zur Bereitstellung von Substanzen finden, ohne etwas von sich selbst verwenden zu können.

Die Quelle aller von Gott in das Dasein gestellten Schöpfungssubstanzen ist die göttliche Weisheit. Aus dieser Quelle sprudelt beständig eine unendliche Vielzahl von göttlichen Gedanken und Ideen, die durch den göttlichen Willen fixiert werden. Die Schöpfungsimpulse für diese Gedanken erhält die göttliche Weisheit aus der sich nach einem Gegenüber sehnenden göttlichen Liebe.

Mit anderen Worten ausgedrückt, die Grundsubstanzen, aus denen alles in der geistigen- aber auch der natürlichen Schöpfung erschaffen ist, sind göttliche Gedanken, die ewig bestehen werden, weil Gott sie in seinem klarsten Selbstbewusstsein niemals vergessen kann.

Auch wenn es für unseren in der Sinnenwelt gefangenen Verstand nicht wirklich nachvollziehbar ist, sollten wir uns mit dem Gedanken anfreunden, dass alles, was wir mit unseren Sinnen sehen, hören, fühlen, riechen und schmecken "nur" Gedanken Gottes sind. Die Luft, die wir atmen, der Stuhl, auf dem wir sitzen und die Menschen, die wir lieben, sind alles Gedanken Gottes.

Dadurch, dass alle Schöpfungssubstanzen aus Gottesgedanken bestehen, die vom göttlichen Willen auf ewig festgehaltenen werden, ist Gott vom Ersten bis zum Letzten Seiner Ordnung allgegenwärtig. Und weil sich Gott Seiner Selbst voll bewusst ist, kann kein noch so kleiner Nebengedanke vom Ihm jemals vergessen werden. Die Folge davon ist, dass Gott zu jedem Zeitpunkt über alles, was in Seiner Schöpfung geschieht, Bescheid weiß. Dies gilt natürlich auch für jeden einzelnen Menschen dieser Erde. Jede unserer natürlichen Körperzellen besteht letztendlich aus göttlichen Gedanken und ist somit im göttlichen Bewusstsein allzeit gegenwärtig. Aber auch unser im Jenseits angesiedelter Geistmensch besteht letztendlich aus göttlichen Gedanken, deren Gott sich allzeit bewusst ist.

Nun könnte sich jemand in Anbetracht der Tatsache, dass alle Substanzen in der gesamten Schöpfung letztendlich Gedanken Gottes sind, die Frage stellen: „Wenn Gott eh jedes Atom meines Seins kennt und außerdem noch meine Vergangenheit, meine Gegenwart und meine Zukunft kennt, wie steht es denn da mit meiner viel gepriesenen Willensfreiheit?"

Ich denke, wenn der Endzweck der Schöpfung darin besteht, dass Gott ein Gegenüber haben möchte, um es mit Seiner Liebe umfassen zu können, dann macht das Ganze natürlich nur Sinn, wenn das Geschöpf in der Lage ist, Gott aus sich heraus zu lieben. Wer liebt schon eine Marionette?

Dessen war sich die Göttliche Weisheit sicherlich bewusst und so hat sie vor Anbeginn der Zeit alles so vorbereitet, dass gewisserart ein Gegenpol zur göttlichen Liebe und Weisheit in das Dasein gestellt werden konnte. Dieser Gegenpol ist die materielle Schöpfung. Durch die Erschaffung der Materie entstanden Raum und Zeit, wodurch eine Abschottung zur geistigen Welt ermöglicht wurde. Denn das Natürliche kann nicht in das Geistige eindringen[18], wohl aber das Geistige in das Natürliche, und zwar deshalb, weil es keinen natürlichen Einfluss in die Gedanken und Absichten des Geistes beim Menschen gibt, was man auch den physischen Einfluss nennt, sondern nur einen geistigen Einfluss, nämlich ein Einfließen der Gedanken und Absichten des Geistes in den Körper und in die Handlungen und Empfindungen desselben.

Als Gott nach vielen Schöpfungsperioden die natürliche Schöpfung soweit vorbereitet hatte, dass Er das erste Menschenpaar in das Dasein stellen konnte, trat die gesamte Schöpfung in eine neue Phase ein. Dieses Menschenpaar waren die Stammeltern des modernen Menschen, durch den es Gott möglich wurde, einen Engelshimmel aus dem Menschengeschlecht zu bilden. Und die Bewohner dieses Engelshimmels sind es, welche den Endzweck der Schöpfung darstellen. Dass dieser Engelshimmel für Gott unglaublich wichtig ist, bestätigt uns Swedenborg in der Nummer 329 seines Werkes "Göttliche Liebe und Weisheit", wie folgt:

„Der Endzweck der Schöpfung des Weltalls ist, dass ein Engelshimmel erstehe; und weil der Engelshimmel der Endzweck ist, so

---

[18] EO 846

ist es auch der Mensch oder das menschliche Geschlecht, da aus diesem der Himmel sich bildet."

Der Endzweck der Schöpfung des Weltalls besteht also darin, dass die Liebe Gottes mit jenen Geistmenschen ein inniges Liebesverhältnis eingehen kann, die sich in einem himmlischen Zustand befinden und von daher als Engel bezeichnet werden.

Nun ist es aber so, dass das göttliche Leben unabhängig davon, ob es der Mensch weiß oder nicht weiß, ständig über die Seele in den Geistmenschen einfließt, um ihn am Leben zu erhalten. Denn wie schrieb Swedenborg in der "Wahren Christlichen Religion", Nr. 63, so schön:

„Durch die geistige Sonne wurde die Ordnung geschaffen, und aus ihr sendet Gott Wärme und Licht aus, die das Weltall vom Ersten bis zum Letzten durchdringen und das Leben bei Menschen und Tieren sowie die Pflanzenseelen in einem jeden Keim auf Erden hervorbringen. Geistige Wärme und geistiges Licht fließen überall ein und bewirken, dass alles lebt und wächst nach der Ordnung, in der es erschaffen wurde."

Wenn man nun den in diesem Zitat beschriebenen Einfluss des göttlichen Lebens in den Menschen mit dem aus der Sinnenwelt entspringenden Gefühl, dass Leben aus dem zufälligen Zusammentreffen materieller Substanzen entstanden ist, vergleicht, dann fällt natürlich sofort eine gewisse Diskrepanz auf.

Auf der einen Seite kann man durch Swedenborg wissen, dass der Mensch nur deshalb lebt, weil es Gott gefallen hat, den unsterblichen Geistmenschen als ein Aufnahmegefäß für die Göttliche Liebe und Weisheit zu gestalten. Auf der anderen Seite fühlt und glaubt der natürliche Mensch aufgrund von sinnlichen Erfahrungen, dass das Leben eine Laune der Natur ist und mit dem Tod des Körpers endet.

Genau dieses Spannungsfeld zwischen Gott und Sinnenwelt ist es, wodurch der Mensch in der Willensfreiheit leben kann. Er kann seine Lebensliebe und seinen Verstand auf die Sinnenwelt mit ihren scheinbaren Realitäten ausrichten, er kann aber auch durch seine von Gott verliehene Fähigkeit sich Wissen anzueignen zu der Wahrheit durchdringen, dass es einen Gott und eine geistige Welt gibt. Mit anderen Worten ausgedrückt, jeder Mensch steht mit seinem Gemüt irgendwo zwischen dem Gott symbolisierenden Himmel und der die Materie symbolisierenden Hölle. In der "Erklärten Offenbarung" kann man hierzu in der Nummer 1148 lesen:

„Der Mensch lebt in der Mitte zwischen Himmel und Hölle. Von der Hölle fließt der Lustreiz des Bösen und Falschen, vom Himmel der Lustreiz des Guten und Wahren in ihn ein. Er wird beständig in dem Gefühl und Innewerden des Lebens wie aus sich erhalten, und dadurch auch in der Freiheit, das eine oder das andere (d. h. den guten oder den bösen Lustreiz) zu wählen, und in dem Vermögen, das eine oder das andere aufzunehmen. In dem Maße, wie er das Böse und Falsche wählt, wird er aus jener Mitte zur Hölle hingezogen, und in dem Maße, wie er das Gute und Wahre erwählt, wird er aus jener Mitte zum Himmel hin erhoben."

Ich denke, dieses Zitat macht noch einmal sehr deutlich, dass die Willensfreiheit des Menschen tatsächlich aus dem Spannungsfeld zwischen der geistigen und der natürlichen Welt resultiert. Damit das ganze aber auch wirklich funktioniert, hat es die göttliche Vorsehung so eingerichtet, dass der natürliche Mensch keinen unmittelbaren Zugang zur geistigen Welt hat. Und die gelebte Praxis zeigt ja auch ganz deutlich, dass der in der Sinnenwelt gefangene Mensch normalerweise nichts von der Welt jenseits seiner Sinneswahrnehmungen weiß. Er kann sich einfach nicht vorstellen, dass es ein Dasein ohne Raum und Zeit geben soll. Alles was er denkt und fühlt ist irgendwie in raum-zeitlichen Kategorien eingeteilt.

Dies ist auch nicht weiter verwunderlich, denn die göttliche Vorsehung hat es so eingerichtet, dass der Mensch nur in raumzeitlichen Vorstellungen denken kann[19] und deshalb nichts von dem Einfluss aus der geistigen Welt wahrnimmt. Wenn man ihm die zeitlichen und räumlichen Vorstellungen wegnehmen würde, wüsste der Mensch weder was er denkt, noch ob er denkt. Ganz anders verhält es sich bei den Engeln, denn in ihren Vorstellungen gibt es weder Zeit noch Raum, an deren Stelle treten Zustände.

Die Ursache dafür, dass in der natürlichen Welt Zeit und Raum sind, und an deren Stelle in der geistigen Welt Zustände sind, liegt darin begründet, weil es in der natürlichen Welt den Anschein hat, als ob durch die Kreisläufe der Sonne Tage und Jahre entstehen würden. Durch die aus den Kreisläufen bedingten Wechsel des Lichtes und des Schattens, der Wärme und der Kälte entstehen die Jahreszeiten, aber auch die Vorstellungen der Zeit und ihrer Wechsel.

In der geistigen Welt macht die Sonne aus der das geistige Licht und die geistige Wärme kommen, keine Umdrehungen und Kreisläufe, und führt daher auch keine Vorstellungen der Zeit und des Raumes herbei. Das Licht, das aus dieser Sonne kommt, ist das göttlich Wahre, und die Wärme, die aus jener Sonne kommt, ist das göttlich Gute. Von daher kommen die Vorstellungen der Zustände bei den Engeln, des Zustandes der Einsicht und des Glaubens aus dem göttlich Wahren und des Zustandes der Weisheit und der Liebe aus dem göttlich Guten. Die Wechsel dieser Zustände bei den Engeln sind es, die in der natürlichen Welt den Zuständen des Lichtes und Schattens, sowie der Wärme und Kälte entsprechen.

Wenn man diese Gedanken auf sich wirken lässt, dann kann man wohl davon ausgehen, dass in der jenseitigen Welt Dinge gesehen

---

[19] HG 7381

und gesprochen werden, die in dieser Welt noch kein Auge gesehen und noch kein Ohr gehört hat.[20]

Das kann auch gar nicht anders sein, denn in allem was der natürliche Mensch denkt und spricht, und was er will und tut, hat er Stoff, Raum, Zeit und Masse als Subjekte bzw. Trägersubstanzen[21] vor sich. Diese sind bei ihm fest und fortbestehend, und ohne diese hat er keine Vorstellung bei seinem Denken und bei seiner Rede, und auch keine Neigung bei seinem Wollen und Handeln.

Mit anderen Worten ausgedrückt, alles was der natürliche Mensch denkt und tut geschieht in einer Matrix aus Raum und Zeit. Die Subjekte bzw. Träger seiner Gedanken und Gefühle entspringen aus den Informationen, die er aus der Sinnenwelt erhalten hat. Er kann gar nicht anders als aus den Dingen heraus zu denken und zu wirken, wie er sie seiner speziellen Wahrnehmung gemäß aus der Sinnenwelt in seinem Gemüt aufgenommen hat.

Der Geistmensch dagegen hat diese Dinge nicht mehr als Subjekte bzw. Trägersubstanzen vor sich, sondern als Objekte bzw. Gegenstände[22] seiner Betrachtungen. Er sieht dieselben Dinge, wie sie auch in der natürlichen Welt sind. Bei ihm gibt es auch Länder,

---

[20] HG 7381

[21] Dinge, die getrennt sind von ihrem <u>Subjekt oder von ihrer Substanz</u>, sind Undinge (nichts Reales), und dies ist der Grund davon, dass die Dinge im Wort in gleicher Weise nach beiden Teilen beschrieben werden; so ist die Beschreibung eines jeden Dinges vollständig. [HG 801]

Daher nennt der Herr das Gute der Liebtätigkeit in ihnen, was Sein Eigentum ist, Seinen Bruder, und infolgedessen auch die Engel und die Menschen, weil sie die aufnehmenden <u>Subjekte (Träger)</u> dieses Guten sind. [EO 746]

[22] Wenn Erkenntnisse des Wahren und Guten im Gedächtnis des äußeren Menschen niedergelegt sind, dienen sie auch dem Gesichte des inneren Menschen, das aus dem Licht des Himmels als <u>Objekte (Gegenstände)</u> sieht und aus diesen wählt und ruft es solches hervor, das mit seiner Liebe übereinstimmt, denn der innere Mensch sieht auf nichts anderes im äußeren.

Städte, Häuser, Tische, Speisen, Getränke, zahme und wilde Tiere, ja sogar Zeiten, Räume, Zahl und Maß. Alles ganz ähnlich wie in der natürlichen Welt, sodass man mit dem Auge keinen Unterschied feststellen kann, und dennoch sind alle diese Dinge nur Erscheinungen, und zwar Erscheinungen der Weisheit oder des Verstandes und der Liebe oder des Willens.

Von daher kommt es, dass deren Erscheinungen nur Objekte ihrer Gedanken und Neigungen sind, und dass diejenigen Dinge, durch die sie erscheinen, die Subjekte (oder Träger) sind, nämlich, solche Dinge, die sich auf die Liebe und Weisheit beziehen, und somit geistig sind.
Wenn sie z. B. Räume sehen, so denken sie nicht darüber mit der Vorstellung des Raumes; wenn sie Gärten sehen und in diesen Bäume, Früchte, Gebüsche, Blüten und Samen, so denken sie nicht darüber nach der äußeren Erscheinung, sondern sie denken über das, wodurch sie erscheinen, und so auch in den übrigen Dingen.[23]

Mit anderen Worten ausgedrückt, weil der Geistmensch nicht mehr in einer Matrix aus Raum und Zeit lebt, entspricht das was er wie außerhalb von sich sieht und hört den Zuständen in seinem Inneren. Die Objekte bzw. Gegenstände seiner Betrachtungen sehen zwar so aus als wären sie aus der natürlichen Welt entnommen, in Wirklichkeit sind sie aber Erscheinlichkeiten der Weisheit des Verstandes und der Liebe des Willens.

Eine Folge davon, dass es der Erscheinlichkeit nach, in der geistigen Welt, die gleichen Dinge wie in der natürlichen Welt gibt, ist die, dass die Texte in den Heiligen Schriften, in der Regel etwas ganz anderes Aussagen, als der in der Sinnenwelt gefangene Mensch aus dem Buchstabensinn entnimmt. Denn in den heiligen Schriften befinden sich neben dem Buchstabensinn ja noch ein himmlischer, ein geistiger und ein geistig natürlicher Sinn. Dies

---

[23] EO 932 - VII/5

bestätigt uns auch Swedenborg in seinem Werk "Die erklärte Offenbarung" in der Nummer 930. Dort heißt es:

„Das Wort und der Gottesdienst sind ganz so, wie der Himmel und die Kirche ist; denn im Wort sind drei unterschiedene Sinne, wie es drei Himmel sind: der innerste Sinn, welcher der himmlische Sinn genannt wird, ist für den innersten oder dritten Himmel; der mittlere Sinn, welcher der geistige Sinn genannt wird, ist für den mittleren oder zweiten Himmel; und der letzte Sinn, welcher der himmlisch und geistig natürliche Sinn genannt wird, ist für den letzten oder ersten Himmel. Diese drei Sinne, außer dem natürlichen, der für die Welt, sind im Wort und in seinen einzelnen Teilen."

Um die Willensfreiheit wahren zu können, ist es dem natürlichen Menschen leider nicht möglich, ohne Hilfsmittel in die tieferen Schichten der Heiligen Schriften einzudringen, denn wer kann schon so wie Swedenborg, Raum und Zeit aus seinem Denken verbannen?

Doch zu unser aller Glück, hat es der göttlichen Vorsehung gefallen der Menschheit ein Hilfsmittel zu schenken, durch das es jedem wahrhaft suchenden möglich ist in die tieferen Schichten der Heiligen Schriften einzudringen. Emanuel Swedenborg war es vergönnt dieses Hilfsmittel aus dem Dunkel der Vergessenheit zu entreißen, in dem er die Lehre von den Entsprechungen wiederentdeckt hat. Ihm war es gegeben ein System zu entwickeln, durch dessen Anwendung es nach einiger Übung möglich ist, den äußeren Buchstabensinn der Heiligen Schriften so aufzuschlüsseln, dass der innere Sinn erfasst werden kann.

Swedenborg hat in verschiedenen Textstellen darauf hingewiesen, dass die Autoren der Thora und der Evangelien göttlich inspiriert waren und noch die hohe Kunst beherrschten ihre Texte mit einem inneren Sinn zu versehen. Swedenborg vergleicht den Doppelsinn der dort verwendeten Texte mit dem Verhältnis von Leib und Seele.

Dabei entspricht der buchstäbliche Sinn dem Leib, und der innere Sinn der Seele. So wie der Leib durch die Seele lebt, so wird der buchstäbliche Sinn des Wortes durch den inneren geistigen bzw. himmlischen Sinn belebt. Wobei das Geistige darin besteht, dass die Sachverhalte für die der buchstäbliche Sinn als Träger dient, unabhängig vom Buchstaben aufgefasst werden, während das Himmlische darin besteht, dass man allein die Gefühlsseite der im inneren Sinn vorkommenden Dinge wahrnimmt. In den „Himmlischen Geheimnissen", Nr. 2275, schrieb Swedenborg dazu:

„Zweierlei ist im inneren Sinn der Bibel, nämlich ein Geistiges und ein Himmlisches. Das Geistige ist, dass wegsehend vom Buchstaben Dinge befasst werden, denen der buchstäbliche Sinn als Träger dient, wie die Dinge, die das Auge sieht, wenn sie zu Trägern des Denkens über Höheres dienen. Das Himmlische besteht darin, dass man allein die Gefühlsanregung der im inneren Sinn enthaltenden Dinge inne wird. In jenem sind die geistigen Engel, in diesem aber die himmlischen Engel. Die, welche in diesem oder in der Gefühlsanregung sind, werden sogleich inne, was der Buchstabe in sich schließt, wenn er vom Menschen gelesen wird, schon aus der bloßen Gefühlsregung, und aus ihr bilden sie sich himmlische Ideen, und zwar in unzähliger Mannigfaltigkeit, und auf unaussprechliche Weise, gemäß der sich ergebenden Zusammenstimmung der himmlischen Dinge der Liebe, die in der Gefühlsanregung ist."

Mit anderen Worten, wer mithilfe der Entsprechungslehre über den Buchstabensinn in die tieferen Schichten der Bibel eindringen will, der muss dazu seinen Verstand und sein Herz benutzen. Eine reine Wort für Wort Auslegung der Texte, wie sie der Verstand vornehmen würde, führt zu keinem vernünftigen Ergebnis. Die Texte werden holperig und der tiefere Sinn verliert sich in der nicht nachvollziehbaren Syntax. Wer aber den Text mit dem Verstand aufschlüsselt und ihn dann als Ganzes mit dem Herzen als intuitiv erfasstes Gedankenbild wahrnimmt, der kann, wenn er sich innerlich mit dem Göttlichen verbindet, zu ungeahnten Erkenntnistiefen gelangen.

Es nutzt also nichts, wenn man bei der Anwendung der Entsprechungslehre mit einem starren Regelwerk arbeiten würde. Durch reine Verstandesakrobatik läuft man Gefahr, sich in Gottesgelehrsamkeit zu verlieren. Dennoch ist es wichtig einige Grundregeln der Entsprechungsdeutung zu kennen bevor man sich darum bemüht einen Bibeltext entsprechungsmäßig auszulegen. Die wichtigsten Grundregeln möchte ich im Folgenden vorstellen:

1] In der Entsprechungslehre werden die Worte der menschlichen Sprache als das Fundament oder als Gefäße für geistige Inhalte betrachtet. So kann man z. B. bei Swedenborg nachlesen, dass die Worte Ägypten der Wissenschaft, Aschur dem Vernünftigen, Ephraim dem Verständigen, Tyrus die Erkenntnisse, der König das Wahre und der Priester das Gute entsprechen.

2] Der Nutzen den der durch ein Wort bezeichnete Gegenstand bewirkt, ist ein Hinweis auf den geistigen Inhalt dieses Wortes. Dies ist deshalb so, weil die Ursache für das Wirken aller Dinge auf unserer Erde aus der geistigen Welt stammt. Alle Substanzen, aus denen die Materie besteht, stellen Formen dar durch die geistigen Kräfte zur Wirkung gelangen können. Der Nutzen den ein Gegenstand in der natürlichen Welt ausübt entspricht seiner Ursache in der geistigen Welt.[24]

Mit anderen Worten, die Gegenwart des Geistes in der Materie ist der Nutzen den ein Gegenstand auf seine Umgebung ausübt. Diesen Gedanken möchte ich beispielhaft an dem Wort "Ackerboden" verdeutlichen.

Auf der natürlichen Ebene ist der Ackerboden eine Substanz, die für mich als Großstädter eine eher schmuddelige Angelegenheit darstellt. Besonders dann, wenn im Frühjahr der Boden vom Regen

---

[24] Siehe den Aufsatz von Thomas Noack mit dem Titel "Kleine Entsprechungskunde" veröffentlicht in: Offene Tore 1 (1993) 26-38, 5 (1992) 176-192, 6 (1992) 210-219 (Swedenborg-Verlag Zürich)

aufgeweicht ist. Dennoch weiß ich natürlich, dass der Nutzen des Ackerbodens darin besteht, einem eingelegten Samen optimale Voraussetzung zum Wachsen und Gedeihen zu geben. Somit stellt der Ackerboden zum einen so eine Art Aufnahmegefäß für Samen aller Art dar, und zum anderen versorgt der Ackerboden den eingelegten Samen mit der Nahrung die er braucht um wachsen und gedeihen zu können.

Diese Eigenschaften entsprechen der Fähigkeit des menschlichen Gemüts Wahrheiten aufzunehmen. Der Ackerboden symbolisiert den Bereich im Menschen, der die Wahrheitssamen aufnimmt und aufschließt. (Der Same ist das Wort Gottes.[25]) So wie ein Acker Samen von Weizen oder Unkraut aufnehmen kann, so kann der Mensch Wahrheiten oder Falschheiten in seinem Gemüt aufnehmen. Die Lehren die er aus diesen Wahrheiten zieht, beeinflussen sein Leben. Im spirituellen Sinn ist die Lehre, d. h. die systematische Aufbereitung des Wortes Gottes, der Ackerboden, denn jede Lehre versucht, das Wort Gottes aufzunehmen und begreifbar zu machen.

3] Jedes Wort muss im Kontext entsprochen werden, denn es kann eine positive aber auch eine negative Bedeutung haben. So ist z. B. das Wort Salz im positiven Sinn ein Synonym für die Neigung zum Wahren. Wie in dem Ausspruch Christi bei Matthäus 5.13: „Ihr seid das Salz der Erde". Im entgegengesetzten Sinn entspricht es der Zerstörung der Neigung zum Wahren. Wie man in Gen 19.26 nachlesen kann, wo die Frau von Lot zurückblickte und zu einer Salzsäule erstarrte.

4] Laut Swedenborg ist es so, dass die innere Bedeutung der Wörter in den geschichtlichen wie auch in den prophetischen Büchern immer die gleiche ist, obgleich sie von verschiedenen Männern und zu ganz unterschiedlichen Zeiten geschrieben worden sind. Die Bedeu-

---

[25] Luk. 8.11

tung der Wörter würde keineswegs so gleich bleiben, wenn die Bibel kein von Gott inspiriertes Buch wäre.[26]

5] Die Tatsache, dass die innere Bedeutung der Bibelwörter unabhängig vom Autor immer die gleiche ist, hat zur Folge, dass um mit Luther zu sprechen, die Heilige Schrift "ihr eigener Ausleger" ist. Man kann die geistige Bedeutung eines Wortes dadurch entschlüsseln, dass man mehrere Bibelstellen auswertet, die dieses Wort enthalten. Bisweilen finden sich sogar Textstellen, die den geistigen Sinn dieses Wortes besonders leicht erkennen lassen. Dazu ein Beispiel:

Das Schwert bedeutet das kämpfende Wahre. Im 45. Psalm können wir dazu lesen: "Gürte, du Held, dein Schwert um die Hüfte; kleide dich in Hoheit und Herrlichkeit! Zieh aus mit Glück, kämpfe für Wahrheit und Recht!"[27] Hier wird das Schwert mit dem Kampf für Wahrheit und Recht in Verbindung gebracht. Was das Schwert im Zusammenhang mit dem Kampf bedeutet kann man bei Jesaja nachlesen. Dort steht geschrieben: "Der Herr hat mich schon im Mutterleib berufen; als ich noch im Schoß meiner Mutter war, hat er meinen Namen genannt. Er macht meinen Mund zu einem scharfen Schwert".[28]

Es ist noch nie beobachtet worden, dass aus dem Mund ein scharfes Schwert gekommen ist, im Gegensatz dazu sind aus den Mündern der Menschen schon viele scharfe Worte entwichen. Jedes streitbare und argumentierende Wort ist wie ein scharfes Schwert, wenn es im Kampf für Recht und Wahrheit gesprochen wird.

Wie dieses Beispiel zeigt, reicht oftmals eine Bibelkonkordanz aus, um den inneren Sinn eines Wortes finden zu können. Die Zusammenschau von Stellen aus verschiedenen Büchern der Bibel, die natürlicherweise aus verschiedenen Jahrhunderten stammen, mag

---

[26] HG 2607
[27] Ps 45.4-5
[28] Jes 49.1-2

im Lichte der historisch-kritischen Methode sehr bedenklich sein, denn gleiche Worte können zu verschiedenen Zeiten verschiedene Bedeutungen haben. Dieser Einwand ist jedoch bei der Suche nach dem inneren, und somit überzeitlichen Sinn bedeutungslos, denn im inneren Sinn haben die Worte eine "konstante Bedeutung".[29] Sie haben - wie Swedenborg betont - "immer die gleiche innere Bedeutung, sowohl in der historischen als auch in den prophetischen Büchern, obwohl sie von verschiedenen Verfassern und zu unterschiedlichen Zeiten geschrieben wurden.".[30] Diese Aussage zeigt, dass obwohl sich die historische Bibelwissenschaft damals noch in den Kinderschuhen befand, Swedenborg sich der historische Fragestellung durchaus bewusst war. Für die Wissenschaft der Entsprechungen ist sie allerdings nebensächlich. Die Feststellung, dass die Wörter eine "konstante Bedeutung" haben, ist auch deswegen wichtig, weil sie jenen die Argumente nimmt, die behaupten, die Entsprechungswissenschaft sei ein Rückfall in die sinnbildlichen Willkürauslegungen vergangener Zeiten.

Soweit die wichtigsten Grundregeln der Entsprechungslehre.

Mit diesen Regeln und einer Bibelkonkordanz oder einem Entsprechungslexikon bewaffnet ist es mit ein wenig Übung möglich die Texte der Bibel entsprechungsmäßig auslegen.

Zum Ende dieses Kapitels möchte ich noch kurz auf eine Erfahrung von mir zu sprechen kommen, die mir im Zusammenhang mit den Textentsprechungen immer wieder begegnet. Ich meine damit das Phänomen, dass wenn zwei Menschen den gleichen Text entsprechungsmäßig auslegen es durchaus zu unterschiedlichen Ergebnissen kommen kann.

Der Grund hierfür liegt darin begründet, dass es nicht möglich ist, die spirituellen Inhalte der biblischen Texte mit raumzeitlichen Begriffen entsprechungsmäßig so auszulegen, dass eine reine Wort für

---

[29] HG 2333
[30] HG 2607

Wort Übersetzung möglich ist. Es gibt keine buchstäbliche Übersetzung, die in der Lage wäre, im Gemüt des Lesers die Assoziationen aufkommen zu lassen, wie sie von den göttlich inspirierten Schreibern der Bibel gemeint waren.

Von daher bleibt es nicht aus, dass sich Derjenige, der diese Texte entsprechungsmäßig auslegen will, in seinem Gemüt mit dem Herrn verbinden muss. Das heißt, es muss zu einer Resonanz zwischen dem spirituellen Inhalt des entsprochenen Textes und dem Inneren des Lesers kommen. Wenn dies geschieht, dann löst sich für den Leser der bisweilen wirr erscheinende Text so auf, dass er eine für sich ganz individuell abgestimmte Textentsprechung finden kann.

Die Tatsache, dass bei der Entsprechung von Bibeltexten immer eine vom Leser abhängige individuelle Textentsprechung herauskommt, könnte als ein Hinweis dafür gesehen werden, dass bei der Entsprechung Willkür angewendet wird.

Dass dem aber nicht so ist, begründet Swedenborg damit, dass der innere Sinn eines Textes durch das Gefühl bestimmt wird welches in den Worten verborgen liegt[31]. Und weil es keine zwei Menschen gibt, die genau die gleiche Gefühlslage haben, kann es gar nicht anders sein, als dass die Ergebnisse der Textauslegungen mehr oder weniger differieren. Das gleiche gilt natürlich auch für jeden einzelnen Menschen, denn auch er entwickelt sich weiter und seine Gefühlslage ist auch nicht immer die gleiche. Andererseits empfinde ich diese Differenzen als einen Beleg dafür, dass die Bibel als ein

---

[31] Der innere Sinn ist von der Art, dass die Stimmung selbst, die in den Worten verborgen liegt, es ist, die den inneren Sinn bestimmt. Auf die Worte des Buchstabens wird nicht geachtet; es ist, als ob sie nicht da wären. Die Stimmung, die in diesen Worten liegt, ist gleichsam der Unwille (indigantio) des Wissens, und das wehmütige Gefühl des Herrn, und zwar das wehmütige Gefühl darüber, dass so das Wisstümliche zerstört würde, das Er mit Lust und Freude in Sich aufgenommen hatte. Es verhält sich damit, wie wenn Kinder etwas lieben, das die Eltern als ihnen schädlich ansehen, sobald es ihnen weggenommen wird, so tut es ihnen wehe. [HG 1492]

göttlich inspiriertes Buch jedem Menschen individuelle Lebenswahrheiten vermitteln kann.

Dies entspricht auch meiner eigenen Erfahrung, denn nach der entsprechungsmäßigen Auslegung unterschiedlichster Bibeltexte bin ich zu der Erkenntnis gelangt, dass diese Texte im inneren Sinn häufig etwas mit der Wiedergeburt des Menschen zu tun haben. Und da ich mich ja noch mehr oder weniger am Anfang dieses Prozesses befinde, haben die von mir aufgeschlüsselten Texte natürlich auch eine Menge mit mir selbst zu tun.

So habe ich z. B. aus der im ersten Kapitel des ersten Buch Mose beschriebenen Schöpfungsgeschichte, wichtige Impulse für meine geistige Wiedergeburt erhalten. Durch den inneren Sinn dieser Geschichte durfte ich erkennen, dass das Gemüt sechs Entwicklungsstufen durchschreiten muss, bis der Mensch geistig wiedergeboren werden kann. Und weil dies natürlich auch für mein Gemüt gilt, bin ich mir bei der Auseinandersetzung mit der Schöpfungsgeschichte darüber bewusst geworden, dass der Mensch den oftmals schweren Weg durch das Tal der sinnlichen Anfechtungen nur in der innigen Verbindung mit dem Herrn, schadlos durchwandern kann.

Eine Stufe auf dem Weg zur Wiedergeburt besteht darin, dass der Mensch es schaffen muss sich vom äußeren Buchstabensinn der Heiligen Schrift zu lösen. Denn solange er nur an der Rinde des äußeren Wortes knabbert, werden ihm die belebenden Wahrheiten des Herrn verschlossen bleiben. Eines der wichtigsten Hilfsmittel dazu ist die Lehre von den Entsprechungen, denn durch sie kann der Mensch in die geistig-himmlischen Bereiche des Wortes vordringen, und so gewisserart mit dem Himmel in Verbindung treten.[32]

---

[32] Zu allen Zeiten ist das Wort gewesen, weil durch das Wort Verbindung des Himmels mit der Erde stattfindet, und weil das Wort vom Guten und Wahren handelt, aus dem der Mensch in Ewigkeit selig leben soll; und darum handelt es im inneren Sinn vom Herrn allein, weil aus Ihm alles Gute und Wahre kommt. [HG 2895]

Eine andere wichtige Stufe auf dem Weg zur geistigen Wiedergeburt ist die, dass der Mensch zu der gelebten Erkenntnis gelangen muss, dass er aus sich heraus nichts Gutes tut und Wahres spricht. Dies widerspricht zwar dem äußeren Schein, aber solange der Mensch nicht aus tiefster Demut anerkennt, dass allein der Herr Gut und die alleinige Wahrheit ist, solange ist der Mensch noch nicht wirklich bereit Gott alles und sich selbst nichts zuzuschreiben.

Natürlich gäbe es noch sehr viele persönliche Hinweise, die man entsprechungsmäßig aus der Schöpfungsgeschichte herausarbeiten könnte, was ich aber aus Platzgründen nicht tun werde.

Ich für meinen Teil bin mir sicher, dass die Entsprechungslehre als eine Art Brücke zwischen der geistigen- und der natürlichen Welt sehr hilfreich ist, wenn es darum geht, die Bilder der Bibel besser zu verstehen.

Im nächsten Kapitel werde ich unter Zuhilfenahme der Entsprechungslehre der Frage nachgehen, wieso Gott Mensch ist.

Ich [der Herr] habe zu den Propheten geredet und viele Offenbarungen gegeben und durch die Propheten in Gleichnissen gelehrt.

[Hosea 12,11]

Solches alles redete Jesus durch Gleichnisse zu dem Volk, und ohne Gleichnis redete er nicht zu ihnen, auf das erfüllet würde, was gesagt ist durch den Propheten, der da spricht: Ich will meinen Mund auftun in Gleichnissen und will aussprechen die Heimlichkeiten von Anfang der Welt.

[Matthäus 13.34-35]

Gott ist Mensch

Als ich das erste Mal in den Werken Swedenborgs davon gelesen habe, dass Gott ein Mensch sein soll, hat mich dies schon ein wenig irritiert. Denn wie kann der unendliche Gott, durch den alles, was in der geistigen wie in der natürlichen Welt ist, ein Mensch sein? Ein Mensch, der einen Leib hat, welcher mit allen uns bekannten äußeren Extremitäten und inneren Organen ausgestattet sein soll? Und dabei meint Swedenborg nicht etwas den Leib von Jesus Christus, denn er verweist ausdrücklich auf die Verse 26 u. 27 im ersten Buch Mose, wo geschrieben steht:

„Und Gott sprach: Lasst uns Menschen machen, ein Bild, das uns gleich sei, die da herrschen über die Fische im Meer und über die Vögel unter dem Himmel und über das Vieh und über die ganze Erde und über alles Gewürm, das auf Erden kriecht.
Und Gott schuf den Menschen ihm zum Bilde, zum Bilde Gottes schuf er ihn; und schuf sie einen Mann und ein Weib."

Als langjähriger Leser der Swedenborgschriften fällt es mir ziemlich schwer, diesen Bibeltext wörtlich zu nehmen. Denn er vermittelt den Gedanken, dass Gott einen Leib haben soll, der dem unsrigen sehr ähnlich ist. Irgendwie widerstrebt mir dieser Gedanke, zumal ich ja durch Swedenborg weiß, dass die ersten Kapitel des ersten Buch Mose gemachte Geschichte[33] sind.

Dennoch kann man in Swedenborgs Werk »Göttliche Liebe und Weisheit« lesen:

---

[33] Wie die Geschichte von der Schöpfung des Himmels und der Erde, die vom ersten Kapitel des ersten Buches Mose an bis dahin, wo von der Sündflut gehandelt wird, enthalten ist, zu verstehen ist, kann niemand wissen, außer durch den geistigen Sinn, der bis ins einzelne im Buchstabensinn liegt; denn die Geschichte von der Schöpfung vom Garten in Eden, von den Nachkommen Adams bis zur Sündflut ist (nicht wirkliche, sondern) gemachte Geschichte, gleichwohl aber höchst heilig, weil die einzelnen Sinne und die einzelnen Worte darinnen Entsprechungen sind und daher geistige Dinge bedeuten. [EO 739]

„Dass Unendliches in Gott ist, kann jeder bei sich bejahen, der glaubt, dass Gott Mensch ist; und weil Er Mensch ist, so hat Er einen Leib und alles, was zu einem Leibe gehört. Er hat also Antlitz, Brust, Unterleib, Lenden und Füße; denn ohne dieses wäre Er nicht Mensch. Und weil Er jenes hat, so hat Er auch Augen, Ohren, Nase, Mund und Zunge; dann auch des Menschen innere Teile, also Herz und Lunge, und was von diesen abhängt; welches alles zusammengenommen macht, dass der Mensch Mensch ist. Im geschaffenen Menschen ist es eine Vielheit, und betrachtet man es in seinen Verwebungen, ein Unzählbares.

Im Gott-Menschen aber ist es unendlich, es fehlt nichts.
Darum ist in Ihm unendliche Vollkommenheit.

Dass ein Vergleich des unerschaffenen Menschen, welcher Gott ist, mit dem erschaffenen Menschen geschieht, ist darum, weil Gott Mensch ist und weil er selbst sagt, der Mensch der Welt sei nach Seinem Bild und zu Seinem Ebenbilde geschaffen."[34]

Wenn man dieses Zitat auf sich wirken lässt, dann scheint Swedenborg tatsächlich die Meinung zu vertreten, dass Gott um existieren zu können, einen unendlich vollkommenen Leib mit den dazugehörigen Extremitäten und Organen benötigt.

Um herauszufinden, wieso Swedenborg diese Meinung vertritt, ist es möglicherweise von Vorteil, wenn wir uns zunächst dem Ebenbild Gottes, also dem Menschen, zuwenden. Denn im Gegensatz zu Gott können wir den Menschen mit unseren Sinnesorganen betrachten und untersuchen. Vielleicht kann man auf diese Weise erkennen, weshalb der Mensch ein Ebenbild Gottes ist und was es mit den göttlichen Extremitäten und Organen auf sich hat.

Wie wir ja alle wissen, hat der Mensch durchaus die eine oder andere Parallele zu den tierischen Mitbewohnern dieser Erde. Viele Tie-

---

[34] 1.Mose 1,26-27

re laufen wie wir auf zwei Beinen, andere haben Arme und Hände, mit denen sie Dinge greifen können. Es gibt Tiere, die um ein Vielfaches schneller und stärker als der Mensch sind und wieder andere leben in sozialen Strukturen, die den unsrigen in gewisser Weise überlegen sind. Sie haben die gleichen Sinnesorgane wie wir und können bisweilen um ein Vielfaches besser sehen, hören, riechen und schmecken. Dazu kommt noch, dass die meisten Tiere bereits von ihrer Geburt an mit all dem Wissen ausgestattet sind, das sie zu einem ihrer Art gemäßen Leben befähigt.

Ein Entenküken kann bereits kurz, nachdem es aus dem Ei geschlüpft ist, laufen und schwimmen, und es weiß ziemlich genau, welche Nahrung ihm schmeckt und bekommt. Ein neugeborenes Baby hingegen kann weder stehen noch laufen und von Schwimmen kann gar keine Rede sein. Es weiß noch nicht einmal, welche Nahrung ihm gut bekommt, geschweige denn, wo es seine Milch herbekommt.

In seinem Werk die »Eheliche Liebe« beschreibt Swedenborg in einer Denkwürdigkeit wie in der geistigen Welt darüber gesprochen wurde, warum der Mensch nicht mit der Fertigkeit irgendeines Triebes geboren wird, wo doch die Tiere und Vögel, edle wie unedle, mit den Fertigkeiten aller ihrer Triebe geboren werden.[35]

Die Protagonisten in dieser Denkwürdigkeit, welche in der Welt Forscher waren, bestätigten zunächst die Tatsache, dass der Mensch mit keinerlei Fertigkeit geboren wird. Als Beispiel hierfür berichteten sie, dass ein neugeborenes Kind noch nicht einmal weiß, wo es seine Nahrung herbekommt. Erst durch das Anlegen an die Mutterbrust lernt es die elementare Nahrungsquelle kennen. Das Kind weiß nur, dass es saugen muss, und dies hat es von dem beständigen Saugen im Mutterleib. Im Gegensatz zum Tier erkennt das Baby auch keine ihm zuträgliche Nahrung, sondern alles, was es errei-

---

[35] EL 133

chen kann, Reines wie Unreines, reißt es an sich und führt es dem Mund zu.

Als ein weiteres Beispiel führten die Forscher an, dass der Mensch ohne Belehrung kein Wissen hinsichtlich der Unterschiede des Geschlechts, und von den Liebesweisen gegen dasselbe hat. Auch erwachsene Jungfrauen und Jünglinge wüssten ohne die Unterweisung von anderen Menschen nichts davon.

Hieraus folgerten sie, dass der Mensch körperhaft wie ein Wurm zur Welt kommt, und körperhaft bleibt, wenn er nicht von anderen Wissen, Erkennen und Weisesein lernt. Als Beleg für diese These sagten die Forscher, dass die Tiere, sowohl edle wie unedle, als da sind, Tiere der Erde, Vögel des Himmels, kriechendes Geziefer, Fische, Würmchen, mit allen Kenntnissen der Triebe ihres Lebens geboren werden. So werden sie z. B. mit allen Fähigkeiten geboren, die zu ihrer Ernährung, ihrer Wohnung, ihrer Geschlechtstriebe und Fortpflanzung und der Aufzucht ihrer Jungen notwendig sind.

Der Mensch hingegen wird ohne Wissen geboren, damit er sich alles Wissen aneignen kann. Würde er mit dem notwendigen Wissen auf die Welt kommen, könnte er kein anderes aufnehmen als nur das, in das er hineingeboren wurde. Der folgende Vergleich soll dies ein wenig verdeutlichten.

Der Mensch gleicht bei seiner Geburt einer Ackerscholle, in die noch kein Same gelegt ist, die aber alle Samenarten annehmen und sie zum Aufgehen und Fruchttragen bringen kann. Das Tier hingegen ist einem schon besäten und mit Gräsern und Kräutern überwucherten Acker gleich, der außer dem eingesäten Samen keinen mehr annimmt und neuen aufkeimenden Samen ersticken würde. Dies ist der Grund dafür, warum der Mensch eine Reihe von Jahren zu seiner Entwicklung benötigt, in deren Verlauf er wie Ackerland bestellt wird, und gleichsam Saaten, Blüten und Bäume aller Gattung hervorbringt. Das Tier hingegen kann im Laufe seines Lebens nur das ausbilden, was ihm angeboren ist.

Quasi als Ausgleich dafür, dass der Mensch im Gegensatz zum Tier ohne Wissen zur Welt kommt, hat es Gott so eingerichtet, dass der Mensch mit der Fähigkeit zum Wissen und der Neigung zum Lieben und zum Weisesein geboren wird. Diese Neigung ist bei ihm so vollkommen angelegt, dass er nicht nur das lieben kann, was das Seine und der Welt, sondern auch das, was Gottes und des Himmels ist. Die Folge davon, dass dem Menschen keine Kenntnisse angeboren sind, ist die, dass er keinerlei Wissen aus sich selbst nehmen kann und sich deshalb sein Wissen mühsam von anderen Menschen aneignen muss. In dem Maße, wie der Mensch durch das Wissen von Anderen zu Einsichten gelangt, kann er Weisheit erlangen. Diese Weisheit wiederum ist die Kraft im Gemüt des Menschen, durch die es dem Verstand möglich ist, den weltzugewandten Willen umzubilden. Diese allmähliche Umwandlung des Willens ist die Grundvoraussetzung dafür, dass sich über die Liebe zum Nächsten eine Liebe zu Gott entwickeln kann und der Mensch auf diese Weise eine Verbindung mit Gott erfährt.

Die Konsequenz aus dem bisher Gesagten ist die, dass Tiere, obwohl sie einen biologischen Körper haben, der dem des Menschen in vielerlei Hinsicht ähnlich ist, weder ein Bild Gottes sind noch werden können. Die Tiere erhalten ihr Leben zwar genauso wie der Mensch von Gott, aber ihr Leben bzw. ihre Liebe ist nicht frei, deshalb können sie sich nur innerhalb ihres eng gesteckten Trieblebens entwickeln.

Dazu kommt noch, dass der Mensch ein Bewohner zweier Welten ist. Er lebt gleichzeitig in der geistigen und in der natürlichen Welt.[36] Mit seiner Seele und seinem Gemüt lebt er in der geistigen Welt, die dort ist, wo Engel und Geister leben. Mit seinem Leib lebt er in der natürlichen Welt, welche er mit seinen fünf Sinnen wahrnehmen kann. Und weil der Mensch so geschaffen ist, wurden ihm von Gott ein Inneres und ein Äußeres gegeben. Das Innere, damit er

---

[36] WCR 401. V

in der geistigen Welt sein kann, und das Äußere, damit er in der natürlichen Welt leben kann.

Die Kommunikation zwischen dem Inneren, also dem Geistmenschen, und dem Äußeren, dem natürlichen Leib des Menschen, findet über das Gehirn statt. Dort werden die Informationen des Geistmenschen so umgewandelt, dass er mit dem Körper seinen Gedanken entsprechend in der natürlichen Welt handeln kann. Oder um es mit Swedenborg auszudrücken:

„Der Verkehr der Seele mit dem Körper ist so beschaffen, wie der Einfluss der geistigen Welt in die natürliche Welt; denn die Seele oder der Geist des Menschen ist in der geistigen Welt, und der Körper in der natürlichen Welt; also gemäß den Entsprechungen."[37]

Das jenseits von Raum und Zeit angesiedelte Innere des Menschen, also der Geistmensch, fließt demnach in den natürlichen Körper ein und belebt ihn. Die im Willen angesiedelte Liebe nutzt in enger Verbindung mit der Weisheit des Verstandes den Leib, um sich in der natürlichen Ebene auszudrücken. Mit anderen Worten ausgedrückt, die Taten des Menschen entsprechen der aus seinem Inneren entspringenden Liebe und Weisheit.

Alles was der Mensch macht und tut hat irgendetwas mit seiner Liebe zu tun. Wobei es zweitrangig ist, ob er aus edlen oder unedlen Motiven heraus handelt. Immer versucht die Lebensliebe über den Verstand die Zustände zu erreichen, durch die sich der Mensch gut fühlt.

Das beginnt bei den einfachen alltäglichen Dingen, wo es darum geht, dem Leib mit möglichst wenig Aufwand, all das zur Verfügung zu stellen, was er zur Befriedigung seiner Grundbedürfnisse benötigt. Darüber hinaus verbringt jeder Mensch täglich mehr oder weniger viel Zeit damit, die Umstände innerhalb seines Umfeldes so

---

[37] HG 6319

einzurichten, dass er sich sicher, anerkannt, geborgen und geliebt fühlt. Natürlich hängt die Erfüllung dieser Wünsche davon ab, wie die Lebensliebe ausgerichtet ist. Für den einen ist Reichtum und oder Macht das Ziel aller Wünsche und der andere ist glücklich, wenn er sich zum Wohlergehen seiner Familie aufopfern kann.

Ein nicht unwesentlicher Grund dafür, dass die Geistmenschen eine so breite Palette an unterschiedlichen Glücksbedürfnissen haben, besteht darin, dass jeder Mensch sein Wissen und seine Wertmaßstäbe von anderen auf der Erde lebenden Menschen bekommen hat. Hier spielen die materiellen Umstände, die Bezugspersonen und der Kulturkreis, in den der Mensch hineingeboren wird, eine sehr große Rolle. Es macht sicherlich einen Unterschied, ob jemand in eine arme religiös dogmatische Familie hineingeboren wird, ob er in einer materialistisch ausgerichteten Familie das Licht der Welt erblickt oder ob er in einer harmonischen und liebevollen Familie aufwächst, bei der Jesus ein ständiger Gast ist. In jedem Fall erfahren der Wille und die ihm innewohnende Liebe bereits in frühem Kindesalter eine Prägung, die den Menschen sein Leben lang begleitet.

Wenn man einmal den Gedanken, dass die unterschiedlichsten Liebesprägungen letztendlich das Leben des Menschen ausmachen, auf sich wirken lässt, dann kann man Swedenborg verstehen, wenn er schreibt, dass die Liebe das Leben des Menschen ist. In seinem Werk »Göttliche Liebe und Weisheit« heißt es dazu:

„Niemand weiß, was das Leben des Menschen ist, wenn er nicht weiß, dass es die Liebe ist. Weiß er dieses nicht, so kann der eine glauben, des Menschen Leben sei bloß ein Empfinden und Handeln; der andere, es sei nur ein Denken.
In Wahrheit ist das Denken nur die Erste, das Empfinden und Handeln aber die zweite Wirkung des Lebens."[38]

---

[38] GLW 2

Mit diesen Worten will Swedenborg zum Ausdruck bringen, dass die Liebe das Leben des Geistmenschen ist und dass das Verstandesdenken letztendlich aus dieser Liebe entspringt. Nach dem Motto: Das, was ich liebe, halte ich für wahr und das, was ich für wahr und richtig halte, das liebe ich. Über das Gehirn bringt der Verstand seine Gedanken in der natürlichen Welt zur Wirkung.

Ich hoffe, dass meine bisherigen Ausführungen deutlich gemacht haben, dass sich der Mensch von all seinen Mitbewohnern auf dieser Erde dadurch unterscheidet, dass er einen freien Willen und einen Verstand hat. Diese beiden Aspekte des Gemüts ermöglichen es dem Menschen, zu lieben und Weisheit zu erlangen. Und genau diese menschlichen Fähigkeiten sind es, wodurch der Mensch nach dem Ebenbild und der Ähnlichkeit Gottes geschaffen ist. Denn in seinem Urwesen ist Gott Liebe und Weisheit. Hierzu kann man in der »Göttlichen Liebe und Weisheit« Folgendes lesen:

„Das göttliche Wesen selbst ist Weisheit und Liebe."[39]

„Dass in Gott die Liebe und Weisheit in ihrer Urwesenheit sind, kann niemand leugnen; denn Er liebt Alle aus der Liebe in Ihm, und Er leitet Alle aus der Weisheit in Ihm. Auch das geschaffene All, aus dem Gesichtspunkt seiner Ordnung betrachtet, ist so voll von Weisheit aus der Liebe, dass Du sagen musst, alles zusammengenommen sei sie selbst."[40]

Weil das göttliche Urwesen Liebe und Weisheit ist, wurden dem Menschen, der ja ein Ebenbild Gottes ist, zwei Lebensanlagen gegeben, die eine ist der Verstand und die andere ist der Wille.

Die Anlage, die dem Verstand entspricht, nimmt das Ihrige vom Einfließen der göttlichen Weisheit und die Anlage, die dem Willen entspricht, nimmt all das Ihrige von der einfließenden Liebe Gottes.

---

[39] GLW 8
[40] GLW 29

Wenn ein Mensch keine rechte Weisheit und keine rechte Liebe hat, werden diese Anlagen dadurch nicht etwa aufgehoben, sie sind lediglich verschlossen. In dieser Zeit wird der Verstand zwar immer noch als Verstand, und der Wille immer noch als Wille bezeichnet, jedoch ihrem Wesen nach haben sie nichts Göttliches mehr. Würde Gott jene Fähigkeiten hinweg nehmen, so ginge alles Menschliche unter, denn das Denken und aus dem Denken reden, und das Wollen und aus dem Wollen handeln, macht den Menschen aus.

Das Göttliche bei dem Menschen drückt sich durch die Fähigkeit weise zu sein und die Fähigkeit zu lieben aus, d. h. die Fähigkeit, jenes und dieses zu können.[41]

Dass das göttliche Urwesen Liebe und Weisheit ist, kann man auch daran erkennen, dass sich alles im Weltall auf das Gute und auf das Wahre bezieht. Denn alles, was aus der göttlichen Liebe hervorgeht, heißt Gut, und alles, was aus der göttlichen Weisheit hervorgeht, heißt Wahr.[42]

Dadurch, dass das göttliche Urwesen Liebe und Weisheit ist, kommt es auch, dass das Weltall und alles in ihm, Belebtes und Unbelebtes, durch Wärme und Licht bestehen. Dies deshalb, weil die Wärme im Entsprechungsverhältnis mit der Liebe steht, und das Licht im Entsprechungsverhältnis mit der Weisheit steht.[43]

Aus der göttlichen Liebe und aus der göttlichen Weisheit, die das göttliche Urwesen, also Gott ausmachen, entstehen alle Triebe und Gedanken im Menschen. Die Triebe aus der göttlichen Liebe und die Gedanken aus der göttlichen Weisheit, und das Ganze des Menschen als auch sein Einzelnes sind nichts als Trieb und Gedanke. Diese beiden sind wie die Quellen seines gesamten Lebens. Alles Angenehme und Anregende seines Lebens fließt aus ihnen. Das

---

[41] GLW 30
[42] GLW 31
[43] GLW32

Angenehme aus dem Trieb seiner Liebe und das Anregende aus den Gedanken, die aus dieser hervorgehen.[44]

Das göttliche Sein und das göttliche Dasein sind in Gott unterscheidbar Eins, weil das göttliche Sein die göttliche Liebe und das göttliche Dasein die göttliche Weisheit ist. Als unterscheidbar Eins bezeichnet sie Swedenborg, weil Liebe und Weisheit verschieden sind, jedoch so vereint, dass die Liebe zu der Weisheit und die Weisheit zu der Liebe gehört. Denn die Liebe ist in der Weisheit, und die Weisheit hat ihr Dasein in der Liebe.[45]

Die Einheit von Liebe und Weisheit findet sich auch in jedem göttlichen Werk. Deshalb werden die Werke Gottes für ewig fortbestehen. Wäre mehr göttliche Liebe als göttliche Weisheit oder mehr göttliche Weisheit als göttliche Liebe in etwas Geschaffenem, so würde es nicht bestehen.[46]

Auch die göttliche Vorsehung in der Umbildung, Wiedergeburt und Beseligung der Menschen enthält ein gleiches Maß göttlicher Liebe und göttlicher Weisheit. Wäre von der göttlichen Liebe ein Zuviel oder Zuwenig gegenüber der göttlichen Weisheit, könnte der Mensch nicht gebessert, wiedergeboren und beseligt werden. Die göttliche Liebe will alle beseligen; allein sie kann nur durch die göttliche Weisheit beseligen, denn in der göttlichen Weisheit liegen alle Gesetze, durch welche die Beseligung bewirkt wird. Die Liebe kann diese Gesetze nicht überschreiten, weil die göttliche Liebe und die göttliche Weisheit eins sind und vereint wirken.[47]

Ich denke, dass diese aus der »Göttlichen Liebe und Weisheit« entlehnten Texte deutlich machen, dass die Liebe und die Weisheit in Gott und Mensch die gleichen Prioritäten haben. Das bedeutet, dass der Mensch und Gott deshalb Mensch sind, weil sich ihr Sein und

---

[44] GLW 33
[45] GLW 34
[46] GLW 36
[47] GLW 37

ihr Dasein durch die Liebe und die Weisheit definieren. Bei Gott in göttlicher Vollendung und beim Menschen in der Fähigkeit zur geschöpflichen Vollendung.

Jetzt stellt sich natürlich die Frage, was es mit dem Leib Gottes auf sich hat. Dass der Mensch einen Leib benötigt, kann man ja noch gut nachvollziehen. Benötigt er ihn doch, um als ein Bewohner dieser Erde die Produkte seiner Liebe und Weisheit in das Dasein zu stellen. So wie es z. B. bildende Künstler tun, wenn sie geschickt mit Pinsel und Farbe die aus ihrer Liebe entspringenden Bilder auf eine Leinwand malen. Oder ein Bildhauer, der mit Hammer und Meißel das Bild seiner Liebe aus dem schweren Marmorblock herausarbeitet.

Aber Gott – wozu braucht Gott ein Antlitz, Brust, Unterleib, Arme und Beine?

Um Antworten auf diese Frage finden zu können, ist es unumgänglich Raum und Zeit aus dem Denken zu verbannen. Denn Gott ist Geist und wir Menschen sind als Bewohner der materiellen Welt so sehr in eine Matrix aus Raum und Zeit eingebunden, dass sich unser ganzes Denken und Fühlen in diesen Regionen abspielt.

Laut Swedenborg ist das Wort, wie er die Bibel nennt, seinem Buchstabensinn nach in bloßen Entsprechungen geschrieben. Von daher ist es sicherlich von Vorteil, wenn man bei der Suche nach Antworten auf die Frage, was denn der Leib Gottes ist, die Lehre der Entsprechungen berücksichtigt.

Der Grundgedanke bei der Entsprechungslehre ist der, dass es eine Verbindung zwischen der natürlichen Welt und der für unsere Sinne nicht erfassbaren geistigen Welt gibt. Aus der jenseits von Raum und Zeit befindlichen geistigen Welt fließt beständig das göttliche Leben in die Geschöpfe der natürlichen Welt ein, ohne dass sie etwas davon bemerken. Es ist sogar so, dass die natürliche Welt nur deshalb entsteht und besteht, weil es einen dauerhaften Kraftfluss aus der geistigen Welt gibt.

Beim Menschen fließt beständig die natürliche Welt und gleichzeitig auch die geistige Welt ein. Das Inwendige, das zum Gemüt des Menschen gehört und sich auf den Verstand und den Willen bezieht, macht seine geistige Welt aus, während das Auswendige, welches zu seinem Körper gehört, und sich auf dessen Sinne und Handlungen bezieht, seine natürliche Welt bildet.

Alles, was in seiner natürlichen Welt, also in seinem Körper und dessen Sinnen und Handlungen entsteht, stammt aus der geistigen Welt, das heißt, aus seinem Gemüt und dessen Willen und Verstand. Dieses aus der geistigen Welt in den Körper Einfließende wird Entsprechendes genannt.[48] Es heißt deshalb so, weil die Handlungen des Menschen in der natürlichen Welt dem entsprechen, was der im Jenseits angesiedelte Geistmensch dem Leib befiehlt.

Welche Art von Entsprechung beim Menschen gerade zur Wirkung gelangt, kann man in seinem Angesicht ablesen. In einem Gesicht, das nicht gelernt hat sich zu verstellen, stellen sich alle Regungen des Gemüts in natürlicher Gestalt wie in einer Abbildung dar, somit seine geistige Welt in seiner natürlichen Welt. Ebenso stellen sich die Dinge des Verstandes in der Rede und die Dinge des Willens in den Bewegungen des Körpers dar. Alles, was in dem Körper vorgeht, sei's im Angesicht, sei's in der Rede, sei's in den Gebärden, sind Entsprechungen.[49] Heutzutage verwendet man hierfür den Begriff Körpersprache. Wer sie zu lesen vermag, kann viel über die inneren Vorgänge seines Gegenübers erfahren. Denn alles, was durch den äußern oder natürlichen Menschen geschieht und entsteht, entspringt aus dem Inneren oder geistigen Menschen.

Die Körpersprache ist sicherlich eine gute Möglichkeit, wie man gelebte Entsprechungen studieren kann. Sie ist nur leider nicht sehr hilfreich, wenn es darum geht, die geistigen Inhalte von heiligen Schriften entsprechungsmäßig auszulegen. Wahrscheinlich war dies

---

[48] HH 90
[49] HH 91

ein Grund dafür, warum es der göttlichen Vorsehung gefallen hat, Emanuel Swedenborg die Grundlagen der Entsprechungskunde zu offenbaren. Durch deren Anwendung sollte es möglich sein, ein paar grundsätzliche Informationen darüber zu erhalten, was es mit dem Leib Gottes auf sich hat.

Wie bereits erwähnt, schreibt Swedenborg in der »Göttlichen Liebe und Weisheit«, dass Gott, weil Er Mensch ist, mit allen Attributen des menschlichen Leibes ausgestattet ist. Somit hat Gott einen Kopf mit Augen, Ohren, Nase, Mund und Zunge. Gott hat einen Leib, der mit Armen, Beinen, Händen und Füßen ausgestattet ist. Und Gott hat ein Herz, eine Lunge und alles, was von diesen abhängt.

Im Folgenden werde ich mich mit einigen der von Swedenborg aufgezählten Körperteile entsprechungsmäßig auseinandersetzen. Beginnen möchte ich dabei mit dem Herz und der Lunge.

Wie jedermann weiß, ist das Herz ein sehr wichtiges Organ im Körper, ohne dessen unermüdliche Arbeit kein Mensch leben könnte. Es pumpt zum einen das Blut durch die Lungen, um Sauerstoff aufzunehmen und Kohlendioxid abzugeben. Zum anderen pumpt es das Blut durch alle Organe des Menschen, um jede einzelne Körperzelle mit Nahrung und Sauerstoff zu versorgen. Bei dieser Gelegenheit wird durch das Blut von der Zelle alles abgeführt, was als Abfallprodukt anfällt und in irgendeiner Form der körpereigenen Abfallbeseitigung zugeführt wird.

Diese Funktionen des natürlichen Herzens und der Lunge stellen eine Vorbildung der Eigenschaften des geistigen Herzens und der geistigen Lunge dar. Dabei sollte man davon ausgehen, dass weder Gott noch der Geistmensch eine geistige Pumpe in ihrem Geistkörper haben, mit der das geistige Blut durch geistige Adern und Venen gepumpt wird.

Unter dem geistigen Herz[50] wird beim Menschen der Wille und seine Neigungen bzw. das Gute seiner Liebe verstanden. Unter der geistigen Lunge[51] wird der Verstand und sein Denken verstanden. Und unter dem geistigen Blut wird die tätige Liebe verstanden. So wie im natürlichen Körper das Herz durch den ständigen Kreislauf des Blutes den gesamten Organismus am Leben erhält, sorgt der Wille dafür, dass sich im Geistmenschen das Wahre der Weisheit und des Glaubens verbreiten kann.

Hierzu ein Zitat aus der Swedenborgschrift: »Die Lehre des neuen Jerusalems vom Glauben«. Dort kann man unter der Nr. 19, lesen:

„Die tätige Liebe und der Glaube im Menschen verhalten sich ebenso, wie die Bewegung des Herzens, die Zusammenziehung und Erweiterung genannt wird, und die Bewegung der Lunge, die das Atemholen heißt. Es findet auch eine völlige Entsprechung derselben mit dem Willen und dem Verstand des Menschen statt, also mit der tätigen Liebe und dem Glauben. Deshalb wird auch in der Bibel unter dem Herzen der Wille und seine Neigungen verstanden, während unter dem Leben und auch unter dem Geist, der Verstand und sein Denken verstanden werden. Deshalb bedeutet 'das Leben von

---

[50] Das Vorzüglichste, was der Herr beim Menschen und dem Engel besitzt, ist der Wille, der im Worte Herz heißt; weil aber aus sich selbst niemand Gutes tun kann, so ist der Wille oder das Herz nicht des Menschen, obwohl er dem Menschen zugeschrieben wird; dem Menschen eigen ist Begierde, die er Willen nennt. [HG 105]

[51] Zweierlei ist, was im geistigen Menschen oder im Gemüte herrscht, der Wille und der Verstand, und zweierlei ist, was im natürlichen Menschen oder im Körper herrscht, das Herz und die Lunge, und es besteht eine Entsprechung alles zum Gemüt gehörigen mit allem zum Körper gehörigen, [...] woraus folgt, dass, wenn der Wille dem Herzen entspricht, der Verstand der Lunge entspricht. Jeder kann auch bei sich selbst wahrnehmen, dass der Verstand der Lunge entspricht, sowohl aus seinem Denken als aus seinem Reden. [GLW 382. IV]

Weil der Verstand der Lunge entspricht und somit das Denken dem Atmen der Lunge, so wird durch Seele und Geist im Worte der Verstand bezeichnet. [GLW 383]

sich geben' so viel, wie, nicht mehr atmen. Von daher kommt auch die Redensart, 'Der hat den Geist aufgegeben' wenn man zum Ausdruck bringen will, wenn ein Mensch nicht mehr atmet.

Hieraus folgt, dass es keinen Glauben ohne tätige Liebe geben kann, und keine tätige Liebe ohne Glauben, und dass der Glaube ohne tätige Liebe wie das Atmen der Lunge ohne das Herz ist. Etwas, was bei keinem Lebendigen, sondern nur bei einem Automaten stattfinden kann. Denn die tätige Liebe ohne den Glauben ist wie das Herz ohne Lunge, durch das nichts als lebend empfunden wird. Deshalb bringt die tätige Liebe durch den Glauben den Nutzen hervor, wie das Herz durch die Lunge die Handlung.

Es findet zwischen dem Herzen und der tätigen Liebe sowie zwischen der Lunge und dem Glauben eine so große Übereinstimmung statt, dass man in der geistigen Welt bei jedem am bloßen Atemholen erkennt, wie sein Glaube, und am Schlagen des Herzens, wie seine tätige Liebe beschaffen ist. Denn die Engel und Geister leben [in der Vorbildung] wie die Menschen, durch das Herz und durch das Atemholen. Daher kommt es, dass sie ebenso empfinden, denken, handeln und reden, wie die Menschen in der Welt."[52]

Ich finde, dass dieses Zitat ein gutes Gefühl dafür vermittelt, was es entsprechungsmäßig mit dem Herzen, der Lunge und dem Blut des Geistmenschen auf sich hat. Geistig genommen handelt es sich um die drei elementaren Eigenschaften des Gemüts, Liebe, Weisheit und tätige Liebe, durch welche der Mensch letztendlich Mensch ist.

In Bezug auf Gott wird unter dem Herzen die Liebe bzw. das Göttlich-Gute der göttlichen Liebe verstanden.[53] Die Lunge Gottes entspricht dem Göttlich-Wahren oder was dasselbe ist, der göttlichen Weisheit, und das Blut des Herrn entspricht dem Göttlich-Wahren,

---

[52] Zur besseren Lesbarkeit wurde das Zitat von mir leicht modifiziert.
[53] EO 750

welches aus dem Göttlich-Guten Seiner göttlichen Liebe hervor-geht.[54]

Diese Entsprechungsauslegung scheint auf den ersten Blick der des Geistmenschen recht ähnlich zu sein. In beiden Fällen hat das Herz etwas mit der Liebe zu tun, die Lunge steht in der Entsprechung zur Weisheit und das Blut steht mit der tätigen Liebe in Verbindung. Dies erscheint aber nur so, denn der Mensch ist ein Bild Gottes, und deshalb sind in ihm diese Eigenschaften zwar angelegt, er muss sie aber erst im Laufe seines Lebens als solche erkennen und entwickeln. Wenn im Menschen diese von Gott gegebenen Anlagen nicht vorhanden wären, dann könnte er niemals ein Kind des Himmlischen Vaters werden.

Der Hauptunterschied in der Entsprechungsauslegung ist der, dass der Mensch ein Geschöpf ist und von daher alles Gute und Wahre seines Gemütes, ja sogar sein Leben von Gott hat. Gott hingegen ist die Liebe, die Weisheit und das Leben selbst.

In der »Erklärten Offenbarung« kann man hierzu lesen:

„Die göttliche Liebe, die in der göttlichen Weisheit wohnt, ist das Leben selbst, das Gott ist, und kann ihrem Wesen nach nicht mit dem Gedanken erfasst werden, denn sie ist unendlich und geht daher über das menschliche Denken hinaus. In ihrer Erscheinung kann sie aber gedacht werden. Der Herr erscheint nämlich vor den Augen der Engel wie eine Sonne, und aus dieser Sonne gehen Wärme und Licht hervor. Die Sonne ist die göttliche Liebe. Die Wärme ist die aus ihr hervorgehende göttliche Liebe, die auch das Göttlich-Gute genannt wird. Das Licht ist die aus der Sonne hervorgehende göttliche Weisheit, die das Göttlich-Wahre genannt wird.

---

[54] Das Blut des Herrn bedeutet das göttliche Wahre als hervorgehend aus dem göttlichen Guten Seiner göttlichen Liebe. [Vom neuen Jerusalem und seiner himmlischen Lehre 217]

Allerdings darf man die Vorstellung vom Leben, das Gott ist, nicht als Feuer, Wärme und Licht auffassen, wenn man nicht zugleich mit ihr die Vorstellung der Liebe und Weisheit aufnimmt. Man muss sich die göttliche Liebe gleichsam als ein Feuer, die göttliche Weisheit gleichsam wie ein Licht, und göttliche Liebe und Weisheit vereint wie ein strahlender Lichtglanz vorstellen bzw. denken.

Denn Gott ist der vollkommene Mensch, und zwar Seinem Angesicht und Seinem Körper nach Mensch; der Form nach besteht hierbei kein Unterschied, sondern nur dem Wesen nach; Sein Wesen ist, dass Er die Liebe selbst ist, und somit auch die Weisheit selbst und das Leben selbst."[55]

Ich denke, diese Worte machen es noch einmal sehr deutlich, dass man sich von seinen sinnlichen Vorstellungen lösen muss, wenn man verstehen will, wieso Gott der vollkommene Mensch ist.

Wenn in diesem Zitat davon die Rede ist, dass Gott seinem Angesicht und Seinem Körper nach Mensch ist, dann bezeichnet das Angesicht in der Entsprechung die göttliche Barmherzigkeit[56] und der Körper entspricht der göttlichen Liebe.[57] Denn das göttliche Sein ist die göttliche Liebe, deren Substanz dem göttlichen Leib entspricht. Und weil Gott eine große Liebe zu dem menschlichen Geschlecht

---

[55] EO1124

[56] Dass das Angesicht Jehovas oder des Herrn die Barmherzigkeit bezeichnet, kann aus dem Wort erhellen, denn das Angesicht Jehovas oder des Herrn im eigentlichen Sinn ist die göttliche Liebe selbst, und weil es die göttliche Liebe ist, so ist es auch die Barmherzigkeit, denn diese geht hervor aus der Liebe gegen das menschliche Geschlecht, das in so großem Elend schmachtet. [HG 5585]

[57] Hieraus kann man erkennen, was unter dem Leib des Herrn verstanden wird, nämlich die göttliche Liebe. Dasselbe wird auch unter Seinem Fleische verstanden; auch ist der Leib des Herrn, seit er verherrlicht, d. h. göttlich gemacht worden, nichts anders. Was könnte man anderes vom Göttlichen denken als das Unendliche? Hieraus kann man erkennen, dass unter Leib im heiligen Abendmahl nichts anderes verstanden wird als die göttliche Liebe des Herrn gegen das ganze Menschengeschlecht. [HG 6135]

hegt, entspringt aus dieser Liebe die göttliche Barmherzigkeit, welche alles daran setzt, dass jeder einzelne Mensch zu einer Ähnlichkeit Gottes[58] wird.

Wenn hingegen vom menschlichen Angesicht die Rede ist, dann ist damit die Gesinnung und Neigung, also das Inwendige des Menschen gemeint, welches seinem Gemüt angehört. Der Grund hierfür ist wohl der, weil sich die Gesinnung und die Neigungen im Angesicht sichtbar darstellen, weshalb auch das Angesicht der Spiegel der Seele genannt wird.[59]

In dem eben zitierten Text ist auch die Rede davon, dass der Unterschied zwischen der menschlichen Form und der göttlichen Form lediglich dem Wesen nach besteht. Wobei sich natürlich hier die Frage stellt, was man sich in diesem Fall unter der Form vorzustellen hat.

Zunächst einmal assoziiert dieses Wort unwillkürlich den Gedanken, dass es sich um ein dreidimensionales Gefäß handelt, in dem man etwas aufbewahren kann. Da es aber in Gott weder Raum noch Zeit gibt, kann Gott keine Form haben der Länge, Breite und Höhe anhaften. Von daher greift sicherlich auch hier die Empfehlung Swedenborgs, bei der Betrachtung von geistigen Dingen die Vorstellungen aus Raum und Zeit zu meiden.

Nach Swedenborg sind die göttliche Liebe und die göttliche Weisheit in sich Substanz und Form, denn sie sind das Sein und das Dasein selbst.[60] Das göttliche Sein und Dasein sind unerschaffen und ewig, deshalb ist es das einzige Sein und Dasein, durch das alles in

---

[58] Die Liebe zum Herrn macht den Menschen eins mit dem Herrn, d. h. zu einer Ähnlichkeit; auch die Liebtätigkeit oder die Liebe gegen den Nächsten, diese jedoch zu einem Bild; Bild ist nicht Ähnlichkeit, sondern es ist nach der Ähnlichkeit. [HG 1013]
[59] EKO 412
[60] GLW 43

der unendlichen Schöpfung gemacht ist. Alles Erschaffene besteht nur deshalb, weil es das göttliche Sein und Dasein gibt.[61]

Swedenborg schreibt dazu in seinem Werk »Göttliche Liebe und Weisheit«, Nummer 32:

„Wer mit einigem Nachdenken das Sein und Dasein in sich erfassen und begreifen kann, der wird gewiss auch erfassen und begreifen, dass dasselbe das Eigentliche und das Einzige ist. Das Eigentliche heißt, was allein ist; und das Einzige, aus welchem alles andere ist. Weil nun das Eigentliche und das Einzige Substanz und Form sind, so folgt, dass dasselbe die einzige Substanz und Form ist, und weil eben diese Substanz und Form die göttliche Liebe und die göttliche Weisheit ist, so folgt, dass sie die eigentliche und einzige Liebe sowie die eigentliche und einzige Wahrheit ist, mithin, dass sie das eigentliche und einzige Urwesen, dann das Leben selbst und das einzige Leben ist; denn die Liebe und Weisheit ist das Leben.“[62]

Wenn es also heißt, dass zwischen der göttlichen Form und der menschlichen Form kein Unterschied besteht, dann ist damit letztendlich die Liebe und die Weisheit gemeint. Im menschlichen Gemüt sind diese beiden genauso angelegt, wie im Gottmenschen. Der Unterschied ist lediglich der, dass die Form im Menschen einen Anfang hat, von daher endlich ist und im Laufe des Lebens entwickelt werden muss. Die Liebe und die Weisheit in Gott hingegen befanden sich bereits vor Anbeginn der Zeit in ewiger Harmonie. Gott ist das Eigentliche und das Einzige und alles, was existiert, besteht einzig und allein durch Ihn.

Mit anderen Worten ausgedrückt, die göttliche Liebe macht das Sein und die Substanz aus, durch die es der göttlichen Weisheit möglich war und ist, die gesamte unendliche Schöpfung in das Dasein zu stellen. Die Liebe des Menschen hingegen kann mit der ihr

---

[61] GLW 44
[62] GLW 45

verbundenen Weisheit nur endliche Dinge in das materielle Dasein stellen.

Nachdem wir uns nun ein wenig mit den grundsätzlichen Gemeinsamkeiten und Unterschieden zwischen Gott und Mensch auseinandergesetzt haben, möchte ich zum Ende dieses Kapitels, noch kurz auf die Entsprechungen der wichtigsten göttlichen Körperteile zu sprechen kommen. Beginnen möchte ich mit dem Kopf.

Der Kopf bzw. das Haupt Gottes entspricht dem göttlichen Wahren und der göttlichen Weisheit.[63] Diese Entsprechung kommt daher, weil das Haupt das Oberste des natürlichen Menschen ist und in ihm die Impulse entstehen, durch die alles im Leib geschieht. Denn im Haupt sind der Verstand und der Wille beheimatet, von diesen kommt alles her, was zum Leben des Menschen gehört, so z. B. seine Rede und alle seine Handlungen.[64]

Zu den göttlichen Ohren und Augen schreibt Swedenborg in den »Himmlischen Geheimnissen«:

„Dass Jehova weder Ohren noch Augen wie ein Mensch hat, ist bekannt. Es gibt aber eine aufs Göttliche anwendbare Eigenschaft, die durch das Ohr und durch das Auge bezeichnet wird, nämlich unendliches Wollen und unendliches Verstehen. Das unendliche Wollen ist die Vorsehung, und das unendliche Verstehen ist das Vorhersehen, Dies wird unter dem Ohr und Auge, wenn sie dem Herrn zugeschrieben werden, im höchsten Sinn verstanden."[65]

Die Nase ist ja im menschlichen Körper über die Luftröhre mit der Lunge verbunden. Die Lunge wiederum entspricht, wie wir bereits

---

[63] Dass "die Juden eine Krone von Dornen auf das Haupt des Herrn setzten, und dass sie Sein Haupt schlugen": Matth.27/29,30; Mark.15/19; Joh.19/2, bedeutete, dass sie eine solche Schmach dem göttlich Wahren selbst und der göttlichen Weisheit angetan haben. [EO557]

[64] EKO 66

[65] HG 3869

besprochen haben, dem Göttlich-Wahren bzw. der göttlichen Weisheit. Und deshalb wird unter dem Atem und dem Wind der Nüstern, im höchsten Sinn das Göttlich-Wahre bezeichnet.[66]

Darum bedeutet auch das Schnauben der Nase Jehovas oder des Herrn, den Himmel, weil darunter der Odem des Lebens verstanden wird, somit das göttliche Leben. Von daher kommt es auch, dass in der griechischen Originalsprache des Neuen Testaments dasselbe Wort (Pneuma),[67] Wind und Geist bedeuten.[68]

Der Mund des Menschen entspricht dem Denken, wie auch alles andere, was zum Mund gehört, wie z. B. die Lippen, die Zunge und die Kehle. Er entspricht deshalb dem Denken, weil die Sprache das Produkt des Denkens ist. Der Mund Gottes hingegen bezeichnet das Göttlich-Wahre.[69]

In den »Himmlischen Geheimnissen« kann man über den Mund lesen:

"Nach dem Munde Jehovas" bedeutet, vermöge der Vorsehung des Herrn. Dies erhellt aus der Bedeutung des Mundes Jehovas, insofern er das Göttlich-Wahre bezeichnet, [...] denn der Mund Jehovas bedeutet hier den göttlichen Ausspruch und die Führung nach demselben, insofern dies die Vorsehung bezeichnet.

Die göttliche Vorsehung unterscheidet sich von jeder anderen Führung und Leitung dadurch, dass die Vorsehung beständig das Ewige im Auge hat, und beständig zum Heil führt, und zwar durch verschiedene Zustände, bald durch frohe, bald durch traurige, die der Mensch zwar durchaus nicht begreifen kann, die aber dennoch alle

---

[66] EO 419

[67] Das **Pneuma** (griechisch πνεῦμα, heute _pnéwma_ ausgesprochen, „der Geist", „Hauch", „die Luft", vergleiche etwa Pneumologie oder Pneumatik) weist Bezüge zum Geist auf. [Wikipedia]

[68] HG 8286

[69] EO 73

zu seinem Leben in Ewigkeit beitragen. Solches wird bezeichnet durch die Reisezüge nach dem Munde Jehovas."[70]

Der Leib des Menschen bezeichnet im eigentlichen Sinn das Gute, welches Sache der Liebe ist. Dies kommt daher, weil der Leib oder der ganze Mensch, der unter Leib verstanden wird, ein Aufnahmegefäß des Lebens vom Herrn ist, also ein Aufnahmegefäß des Guten; denn das Gute der Liebe macht das eigentliche Leben im Menschen aus.

Der Leib Gottes entspricht der göttlichen Liebe. Dasselbe wird auch unter Seinem Fleische verstanden. Auch der Leib des Herrn ist, seitdem er verherrlicht, d. h. göttlich gemacht wurde, nichts anderes.[71]

Der ausgestreckte Arm bezeichnet die Allmacht oder göttliche Macht. Dies ist deshalb so, weil durch den Arm, wenn er in den Himmel ausgestreckt erscheint, die Macht vom Göttlichen her vorgebildet wird. Wenn er aber nicht ausgestreckt, sondern gebogen ist, wird die Macht im allgemeinen Sinn vorgebildet. Von daher kommt es, dass die göttliche Macht in der Bibel des Öfteren durch den ausgestreckten Arm und die starke Hand vorgebildet wird.[72]

Die Beine bezeichnen das natürlich Gute, welches mit dem geistig Guten verbunden ist.
Die Füße bezeichnen das natürlich Wahre aus jenem Guten und alles Wahre, das aus dem Guten, angeeignet und mit dem Menschen verbunden werden muss.[73]
Die Füße des Herrn bezeichnen das Göttliche Natürliche oder das Letzte der göttlichen Ordnung.[74] Oder mit anderen Worten ausge-

---

[70] HG 8560
[71] HG 6135
[72] HG 7205
[73] EO 543
[74] EO 69,597

drückt, die Füße Gottes symbolisieren in der Heiligen Schrift, die göttlichen Wahrheiten in der natürlichen Daseinsebene.

In den »Himmlischen Geheimnissen« heißt es hierzu:

„Dass die Füße das Natürliche bedeuten, kann erhellen aus den Vorbildungen bei den Urmenschen und so im Worte. Das Himmlische und Geistige wird vorgebildet durch das Haupt und durch das, was zum Haupte gehört; durch die Brust und was zur Brust gehört, das Vernunftmäßige und was zum Vernunftmäßigen gehört; durch die Füße und was zu den Füßen gehört, dass Natürliche und das zum Natürlichen Gehörige; daher kommt, dass die Fußsohle und Ferse das unterste Natürliche bedeutet und der Schuh, das Allerunterste, das schmutzig ist."[75]

Dieses Zitat macht noch einmal recht deutlich, wie wichtig es ist, sich mit der Entsprechungskunde auseinanderzusetzen. Wenn es uns durch diese Lehre gelingt, hinter den Buchstabensinn der göttlich inspirierten Schriften zu schauen, werden wir unseren individuellen Weg finden, um ein Bild Gottes zu werden. Und so möchte ich dieses Kapitel mit einem Zitat aus der »Erklärten Offenbarung« beenden, wo es heißt:

„Durch die Liebe zum Herrn wird der Mensch ein Bild desselben. Der Herr ist die göttliche Liebe und diese erscheint im Himmel vor den Engeln als Sonne. Aus dieser Sonne gehen Licht und Wärme hervor, das Licht ist das Göttlich-Wahre und die Wärme ist das Göttlich-Gute. Aus diesen beiden besteht der ganze Himmel und alle Gesellschaften des Himmels. Die Liebe zum Herrn beim Menschen, der Sein Ebenbild ist, gleicht einem Feuer aus dieser Sonne, und aus diesem Feuer gehen ebenfalls Licht und Wärme hervor. Das Licht ist das Wahre des Glaubens und die Wärme ist das Gute der Liebe, beides vom Herrn. [...] Dass der Mensch [...] durch die

---

[75] HG 2162

Liebe zu einem Bild und zur Ähnlichkeit des Herrn wird, kommt daher, weil der Mensch durch die Liebe im Herrn ist, und der Herr in ihm."[76]

Ich denke, dass ich in meinen bisherigen Ausführungen die wichtigsten Grundlagen zusammengetragen habe, um einen Blick hinter die Welt unserer sinnlichen Erfahrungen zu wagen.

Auch Christian Hellweg ist von dem Quantenzustand des Geistes überzeugt. Der Wissenschaftler hat sich nach dem Abschluss seines Physik- und Medizinstudiums am Max-Planck-Institut für biophysikalische Chemie in Göttingen jahrelang mit der wissenschaftlichen Erforschung der Hirnfunktionen beschäftigt: „Unsere Gedanken, unser Wille, Bewusstsein und Empfindungen weisen Eigenschaften auf, die als Merkmale des Geistigen bezeichnet werden können. Geistiges lässt keine direkte Wechselwirkung mit den bekannten naturwissenschaftlichen Grundkräften - wie Gravitation, Elektromagnetik etc. - erkennen. Auf der anderen Seite aber entsprechen diese Eigenschaften des Geistigen haargenau denjenigen Charakteristika, die die äußerst rätselhaften und wunderlichen Erscheinungen der Quantenwelt auszeichnen."

[FOCUS-MONEY Magazin, Ausgabe Nr.2, 2014]

---

[76] EO 1093

Über die Verhältnisse in der jenseitigen Welt

Bekanntlich ist es ja leider so, dass der irdische Mensch keinerlei Sinnesorgane hat, mit denen er die Verhältnisse in der jenseitigen Welt wahrnehmen kann. Dies hat nicht unerheblich dazu beigetragen, dass viele Menschen die Existenz einer geistigen Welt vehement ablehnen. Selbst in christlichen Kreisen findet sich bisweilen eine ausgeprägte Skepsis, wenn es um die Frage nach dem Jenseits geht.

Ganz anders stellt sich die Situation für Menschen dar, die durch den nordischen Seher Emanuel Swedenborg tiefe Einblicke in die Welt jenseits der sinnlichen Erfahrungen erlangen durften. Doch auch für den Kenner der Swedenborgwerke sind die teilweise recht komplexen Zusammenhänge nicht immer einfach zu verstehen. Der Hauptgrund dafür liegt darin begründet, dass es dem Menschen sehr schwer fällt, Zeit und Raum aus seinem Denken zu verdrängen.

Wahrscheinlich empfiehlt Swedenborg deshalb jedem, der über die geistige Welt mit ihren Geistern und Engeln nachdenkt, Raum und Zeit aus seinen Vorstellungen zu verbannen.

Ich weiß wohl, schreibt Swedenborg, dass sich manche wundern werden, dass etwas existieren soll, wo weder Raum noch Zeit ist und dass die Gottheit selbst nichts damit zu schaffen habe und dass auch die Geister nicht in Zeit und Raum leben, sondern nur in den Erscheinungen derselben, während doch das göttlich Geistige das eigentliche Wesen aller Dinge ist, die existiert haben und noch existieren, und dass ohne dasselbe die natürlichen Dinge wie Körper ohne Seelen sind, die zu Leichnamen werden. Jeder Mensch, der vermöge seiner Gedanken von der Natur zum Naturalisten geworden ist, bleibt auch wirklich ein solcher nach seinem Tode, und nennt alles, was er in der geistigen Welt sieht, natürlich, weil es ebenso erscheint.[77]

---

[77] EO 1220

Von daher ist es wichtig, bei meinen folgenden Ausführungen immer an die Worte Swedenborgs zu denken, die er in der »Göttlichen Liebe und Weisheit«, Nr. 51, schrieb: „Eines aber bitt' ich: Menge nicht Zeit und Raum in deine Vorstellungen; soviel nämlich beim Lesen des Nachfolgenden deinen Vorstellungen Zeit und Raum anhaftet, wirst Du es nicht verstehen. Denn das Göttliche ist nicht in Zeit und Raum, was klar wird eingesehen werden in der Folge dieses Werkes, insbesondere in den Abschnitten von der Ewigkeit, Unendlichkeit und von der Allgegenwart."

Bevor ich mich nun mit den Verhältnissen in der jenseitigen Welt auseinandersetze, muss ich noch kurz ein paar Gedanken über den Himmel voranstellen.

Wenn Swedenborg das Wort »Himmel« verwendet dann meint er damit in den seltensten Fällen den natürlichen Himmel, wie wir ihn mit unseren Augen sehen können. In der Regel verwendet er den Begriff im Zusammenhang mit geistigen Wirklichkeiten, die jenseits von Raum und Zeit angesiedelt sind.

Wobei es zu beachten gilt, dass es einen allgemeinen und viele besondere Himmel gibt. Der allgemeine Himmel wurde vom Herrn für die Ewigkeit durch das von Ihm ausgehende göttliche Wahre erschaffen. In den »Himmlischen Geheimnissen«, Nr. 9503, kann man hierzu lesen:

„Dass das göttlich Wahre der Herr im Himmel ist, beruht darauf, dass der Herr das Gute selbst und das Wahre selbst ist, denn beides geht von Ihm aus, und was von Ihm ausgeht, das ist Er. Von daher kommt es, dass der Herr der Himmel ist; denn das göttlich Wahre, das von Ihm kommt, und von den Engeln aufgenommen wird, macht den Himmel."

Der Herr ist nicht nur im Allgemeinen der Himmel, Er ist auch im Besonderen bei einem jeden Geist und Engel der Himmel. Jeder Engel ist nämlich ein Himmel in kleinster Form. Und da jeder Engel ein Himmel ist, besteht der allgemeine Himmel aus unzähligen Einzelhimmeln. Dennoch sollte man nicht denken, dass der Herr im Himmel unter den Engeln sei, oder dass Er bei ihnen, wie ein König in seinem Reich ist; Er ist über ihnen, dem Anblick nach in der geistigen Sonne, aber ihrem Leben der Liebe und Weisheit nach in ihrem Inneren.[78]

Alle Engel bezeichnen zusammengenommen den Himmel, weil sie ihn ausmachen. Dennoch ist es das aus dem Herrn hervorgehende Göttliche, das bei den Engeln einfließt und von ihnen aufgenommen wird, was den Himmel im Allgemeinen und im Besondern ausmacht.

Das vom Herrn ausgehende Göttliche ist das Gute der Liebe und das Wahre des Glaubens; insoweit sie das Gute und Wahre des Herrn aufnehmen, insoweit sind sie Engel und insoweit sind sie der Himmel.[79]

Weil im Himmel unendliche Vielfältigkeiten sind, und nicht eine Gesellschaft der andern, ja nicht einmal ein Engel dem andern ganz ähnlich ist, so wird der Himmel im Allgemeinen, im Besonderen und im Einzelnen unterschieden; im Allgemeinen in zwei Reiche, im Besonderen in drei Himmel und im Einzelnen in unzählige Gesellschaften.[80]

Der allgemeine Himmel

Es gibt zweierlei Allgemeines, das vom Herrn ausgeht, das göttlich Gute und das göttlich Wahre. Das göttlich Gute gehört Seiner göttlichen Liebe, und das göttlich Wahre gehört Seiner göttlichen Weisheit an. Diese Zwei sind im Herrn eins und gehen als Eines von Ihm aus; allein sie werden von den Engeln in den Himmeln und von den Menschen auf Erden nicht als Eines aufgenommen. Es gibt

---

[78] GV 31
[79] »HuH« 7
[80] »HuH« 20

Engel und Menschen, die mehr vom göttlich Wahren, als vom göttlich Guten, und es gibt solche, die mehr vom göttlich Guten, als vom göttlich Wahren aufnehmen. Daher kommt es, dass die Himmel in zwei Reiche abgeteilt werden, deren eines das himmlische Reich, das andere aber das geistige Reich genannt wird. Die Himmel, die mehr vom göttlich Guten aufnehmen, bilden das himmlische Reich, die aber mehr vom göttlich Wahren, bilden das geistig Reich.[81]

In den zwei Reichen leben die Engel, welche das vom Herrn ausgehende Göttliche mehr innerlich und solche, die es weniger innerlich aufnehmen; die es mehr innerlich aufnehmen, heißen himmlische Engel, die es aber weniger innerlich aufnehmen, heißen geistige Engel. Deshalb wird der allgemeine Himmel in zwei Reiche unterschieden, deren eines genannt wird das himmlische Reich, das andere das geistige Reich.[82]

Die Engel, welche das himmlische Reich ausmachen, werden, weil sie das Göttliche des Herrn mehr innerlich aufnehmen, innerlichere und auch höhere Engel genannt; und infolgedessen werden auch die Himmel, die aus ihnen bestehen, innerlichere und höhere genannt. Sie heißen Höhere und Niedrigere, weil das Innerliche und das Äußerliche so genannt werden.[83]

Die Engel im himmlischen Reich des Herrn übertreffen weit an Weisheit und Herrlichkeit die Engel, die im geistigen Reich sind, und dies darum, weil sie das Göttliche des Herrn innerlicher aufnehmen; denn sie sind in der Liebe zu Ihm und daher Ihm näher und enger [mit Ihm] verbunden. Diese Engel sind so, weil sie die göttlichen Wahrheiten sogleich im Leben aufgenommen haben und aufnehmen, und nicht wie die geistigen nach vorgängigem Gedächtniswissen und Denken; weshalb dieselben ihren Herzen einge-

---

[81] Die 4 Hauptlehren der Neuen Kirche, 32
[82] »HuH« 21
[83] »HuH« 22

schrieben sind und sie solche fühlen und gleichsam in sich schauen, und nie darüber Berechnungen anstellen, ob es so sei oder nicht so sei.[84]

Weil ein solcher Unterschied zwischen den Engeln des himmlischen Reiches und den Engeln des geistigen Reiches besteht, sind sie weder beisammen, noch haben sie Umgang miteinander. Es findet lediglich eine Gemeinschaft statt durch die zwischen ihnen stehenden Engelsgesellschaften, welche die geistig himmlischen heißen.[85]

Die besonderen Himmel

Die innere Struktur der Geister, welche das himmlische bzw. geistige Reich "bevölkern", besteht aus drei Himmeln.[86] Diese drei zu den allgemeinen Himmeln gehörigen Himmel sind untereinander abgeschieden. In dem Werk »Himmel und Hölle«, Nr. 29, kann man hierzu lesen:

„Es sind drei Himmel und diese untereinander völlig geschieden. Der innerste oder dritte, der mittlere oder zweite, und der unterste oder erste; sie folgen aufeinander und bestehen untereinander, wie das Oberste des Menschen, welches das Haupt heißt, sein Mittleres, welches der Leib, und das Unterste, welches die Füße sind. [...] In solcher Ordnung ist auch das Göttliche, das vom Herrn ausgeht und

---

[84] »HuH« 25

[85] »HuH« 27

[86] In allem Letzten sind gesonderte Grade in gleichzeitiger Ordnung (also auch in den beiden Gottesreichen). Die Bewegfibern in jedem Muskel, die Fasern in jedem Nerv, dann die Fibern und Gefäßchen in jedem Innern Teile und Organ sind in solcher Ordnung; inwendigst in ihnen ist das Einfachste, welches das Vollkommenste ist, das Äußerste ist ein Zusammengesetztes aus diesem. Eine ähnliche Ordnung jener Grade findet sich in jedem Samen und in jeder Frucht, dann auch in jedem Metall und Stein. Ihre Teile sind von solcher Art und aus diesen besteht das Ganze. Die Teile Innerstes, Mittleres und Äußerstes stehen in diesen Graden; denn sie sind aufeinanderfolgende Zusammenballungen von dem Einfachen, welches ihre ersten Substanzen oder materiellen Stoffe sind. [»GLW« Nr. 207]

herabsteigt; daher ist infolge einer Notwendigkeit der Ordnung der Himmel in drei Teile geteilt."

Der besondere Himmel im Menschen

Drei Stücke sind es, aus denen jeder Mensch besteht, und die der Ordnung nach bei ihm folgen: die Seele, das Gemüt und der Körper; sein Innerstes ist die Seele, sein Mittleres ist das Gemüt, und sein Letztes ist der Körper. Alles, was vom Herrn in den Menschen einfließt, fließt in sein Innerstes ein, welches die Seele ist, und steigt von da in sein Mittleres, welches das Gemüt ist, und durch dieses in sein Letztes, das der Körper ist, herab.[87]

Das Inwendige des Menschen, welches das seines Gemütes und Charakters ist, ist in ähnlicher Ordnung: er hat ein Innerstes, ein Mittleres und ein Letztes; denn in den Menschen sind, als er geschaffen wurde, alle [Stufen] der göttlichen Ordnung gelegt worden, sodass er zur göttlichen Ordnung im Bilde und zu einem Himmel in kleinster Gestalt wurde. Darum steht auch der Mensch in Gemeinschaft mit den Himmeln nach seinem inwendigen; und kommt auch unter die Engel nach seinem Tode, unter die Engel des innersten Himmels oder des mittleren oder des letzten, je nach der Aufnahme des Göttlich-Guten und Göttlich-Wahren vom Herrn, solange er in der Welt lebt.[88]

Der besondere Himmel im Engel

Das Göttliche, das vom Herrn einfließt und im dritten oder innersten Himmel aufgenommen wird, heißt das Himmlische, und infolgedessen werden die Engel, die hier sind [Zustand], himmlische Engel genannt; das Göttliche, das vom Herrn ausgeht und im zweiten oder mittleren Himmel aufgenommen wird, heißt das Geistige, und daher die Engel, welche hier sind, geistige Engel.

---

[87] EL 101
[88] »HuH« 30

Das Göttliche aber, das vom Herrn einfließt und im untersten oder ersten Himmel aufgenommen wird, heißt das Natürliche; weil jedoch das Natürliche dieses Himmels nicht so wie das Natürliche der Welt ist, sondern Geistiges und Himmlisches in sich hat, so heißt dieser Himmel der natürlich-geistige und natürlich-himmlische, und darum werden die Engel, die hier sind, die natürlich-geistigen und natürlich-himmlischen genannt.[89]

Es gibt in jedem Himmel ein Inneres und ein Äußeres; die im Innern [Zustand] sind, heißen dort innerliche Engel, die aber im Äußern sind, heißen dort äußerliche Engel. Das Äußere und das Innere in den Himmeln oder in einem jeden Himmel verhalten sich wie das Wollende und dessen Verständnis bei dem Menschen, das Innere wie das Wollende und das Äußere wie dessen Verständiges.[90]

Wohl zu merken ist, dass das Inwendige der Engel darüber entscheidet, ob sie sich in dem einen oder in dem andern Himmel befinden. Denn je mehr das Inwendige gegen den Herrn zu aufgeschlossen ist, in einem desto inwendigeren Himmel sind sie.

Drei Stufen des Inwendigen gibt es bei jedem, sowohl dem Engel als dem Geist und auch bei dem Menschen; diejenigen, bei welchen der dritte Grad aufgeschlossen ist, sind im innersten Himmel; bei welchen der zweite oder nur der erste, die sind im mittleren oder dem äußersten Himmel. Das Inwendige wird aufgeschlossen durch die Aufnahme des göttlichen Guten und dazu des göttlichen Wahren; die durch die göttlichen Wahrheiten angeregt werden und sie sogleich ins Leben, somit in den Willen und aus diesem in das Tun übergehen lassen, sind im innersten oder dritten Himmel, und hier je nach der Aufnahme des Guten infolge der Anregung des Wahren. Die sie aber nicht sogleich in den Willen, sondern in das Gedächtnis und von da aus in den Verstand aufnehmen und aus diesem heraus

---

[89] »HuH« 31
[90] »HuH« 32

sie wollen und tun, sind im mittleren oder zweiten Himmel; die aber moralisch leben und das Göttliche glauben und nicht so sehr sich angelegen sein lassen, unterrichtet zu werden, sind im untersten oder ersten Himmel.

Hieraus kann erhellen, dass der Zustand des Inwendigen den Himmel macht, und dass der Himmel innerhalb und nicht außerhalb eines jeden ist.[91]

Weil die himmlischen Grundneigungen das Inwendige gegen den Herrn hin aufschließen, wenden auch alle Engel ihr Angesicht dem Herrn zu; denn in der geistigen Welt ist es die Liebe, welcher sich das Inwendige eines jeden zuwendet, und wohin sie das Inwendige kehrt, dahin kehrt sie auch das Angesicht. Denn das Angesicht macht dort eins mit dem Inwendigen aus, weil es dessen Außenform ist; weil die Liebe das Inwendige und das Angesicht sich zukehrt, so verbindet es sich auch mit diesen (denn die Liebe ist eine geistige Verbindung), und darum teilt sie denselben auch das Ihrige mit; durch diese Hinwendung und die davon herrührende Verbindung und Mitteilung haben die Engel Weisheit.[92]

Bevor ich noch einmal die wichtigsten Aspekte der einzelnen Himmel zusammenfasse, möchte ich noch kurz an das große Schöpfungsziel Gottes erinnern. In den »Hauptlehren der neuen Kirche« schrieb Swedenborg:[93]

„Sein [Gottes] Endzweck bei Erschaffung des Weltalls war ein Engelhimmel aus dem menschlichen Geschlecht. Und folglich die Mitteilung Seiner Liebe und Seiner Weisheit an die Menschen und Engel und die Verbindung mit denselben, wodurch ihnen in Ewigkeit Wonne und Seligkeit zuteil wird."

---

[91] »HuH« 33
[92] »HuH« 272
[93] Hauptlehren der neuen Kirche I.7-8

„Der aller allgemeinste Endzweck, welcher der Endzweck der Endzwecke ist, ist in Gott; derselbe geht von Gott aus, von den ersten
Dingen der geistigen Welt bis zu den letzten der natürlichen Welt;
und aus diesem Letzten kehrt er wieder zurück zu den Ersteren und
so zu Gott. Jener aller allgemeinste Zweck, oder der Endzweck der
Endzwecke von Gott, ist ein Engelhimmel aus dem menschlichen
Geschlecht.“[94]

Der göttliche Endzweck der Endzwecke ist also der Engelhimmel
aus dem menschlichen Geschlecht, der auch als der allgemeine
Himmel bezeichnet wird. Der allgemeine Himmel teilt sich in zwei
Reiche auf. Sie entspringen dem göttlich Wahren des Herrn und
heißen himmlisches Reich und geistiges Reich. Das himmlische
Reich wird durch Engel gebildet, die das Göttliche des Herrn mehr
innerlich aufnehmen. Das geistige Reich wird durch Engel gebildet,
die das Göttliche des Herrn mehr äußerlich aufnehmen.

Jedes einzelne Mitglied des himmlischen bzw. geistigen Reiches
stellt einen besonderen Himmel dar. Die Art des besonderen Himmels ergibt sich aus dem Zustand des jeweiligen Engels. Ist der Engel im Zustand des dritten bzw. innersten Himmel, dann ist er ein
Mitglied des himmlischen Himmelreiches. Ist der Engel im Zustand
des zweiten bzw. mittleren Himmel, dann ist er ein Mitglied des
geistigen Himmelreiches. Ist der Engel im Zustand des ersten bzw.
untersten Himmels, dann ist er auch ein Mitglied des geistigen
Himmelreiches.[95] Wobei die Engel des zweiten Zustands mehr im

---

[94] Hauptlehren der neuen Kirche, Kap. 7,5-6

[95] Das Himmlische, welches das Gute der Liebe zum Herrn ist, bildet den innersten oder dritten Himmel, das Geistige, welches das Gute der Liebtätigkeit gegen
den Nächsten ist, bildet den mittleren oder den zweiten Himmel, und das Natürliche daraus, welches das Gute des Glaubens ist, bildet den äußersten oder den
ersten Himmel. [HG 10005]
Die Himmel werden in zwei Reiche unterschieden, in das himmlische Reich und
in das geistige Reich, und in beiden Reichen gibt es ein Inneres und ein Äußeres.
Im Inneren des himmlischen Reiches sind diejenigen, die im Guten der Liebe
zum Herrn sind, und im Äußeren desselben sind diejenigen, die in gegenseitiger

Zentrum und die Engel des ersten Zustands mehr in der Peripherie des geistigen Himmelreichs angesiedelt sind.

Mit anderen Worten, je nachdem in welchem der drei inwendigen Zustände der Engel ist, wird er zu einem Mitglied des jeweiligen himmlischen Reiches. Die drei Stufen des Inwendigen gibt es bei jedem, sowohl dem Engel als dem Geist und auch bei dem Menschen. Diejenigen, bei welchen der dritte Grad aufgeschlossen ist, sind im innersten Himmel; bei welchen der zweite oder nur der erste, die sind im mittleren oder dem äußersten Himmel. Die nachfolgende Grafik soll dies ein wenig verdeutlichen:

„Unsere Gedanken, unser Wille, Bewusstsein und Empfindungen weisen Eigenschaften auf, die als Merkmale des Geistigen bezeichnet werden können. Geistiges lässt keine direkte Wechselwirkung mit den bekannten naturwissenschaftlichen Grundkräften – wie Gravitation, elektromagnetischen Kräften etc. – erkennen. Auf der anderen Seite aber entsprechen diese Eigenschaften des Geistigen haargenau denjenigen Charakteristika, die die äußerst rätselhaften und wunderlichen Erscheinungen der Quantenwelt auszeichnen. Mit der Quantenwelt ist hier derjenige Bereich unserer Welt gemeint, der noch nicht faktisch geworden ist, also der Bereich der Möglichkeiten, der Bereich der Unbestimmtheiten, wo wir zwar »wissen, dass«, aber nicht genau »wissen, wann und wo«. Aus den Zusammenhängen der klassischen Physik ergibt sich mit zwingender Notwendigkeit, dass es diesen Bereich tatsächlich geben muss.”

[Dr. Christian Hellweg]

Liebe sind, aber im Inneren des geistigen Reiches, sind diejenigen, die im Guten der Liebtätigkeit gegen den Nächsten sind, und im Äußeren desselben, die im Guten des Glaubens sind. [HG 9741]

Der allgemeine Himmel

entspringt aus der göttlichen Liebe und Weisheit des Herrn. Er besteht ...

... aus dem **himmlischen Reich** ...

Hier leben alle Engel im Zustand
des III. Himmel

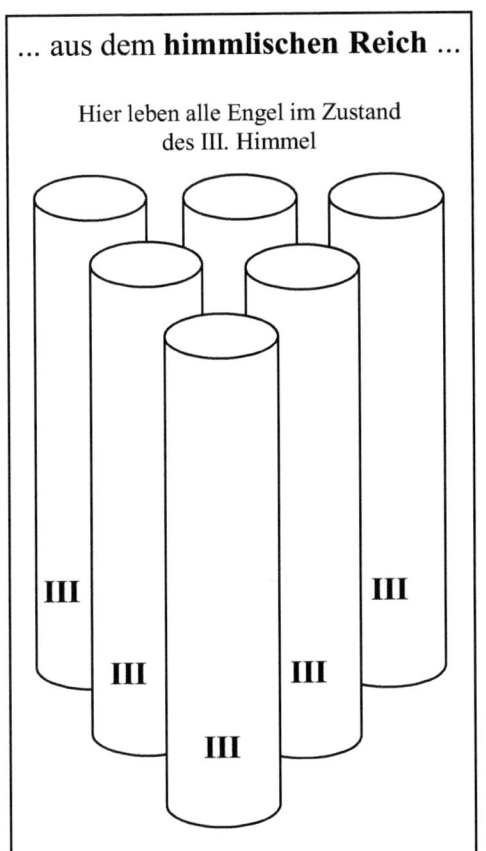

... und dem **geistigen Reich.**

Hier leben alle Engel im Zustand
des I. und II. Himmels

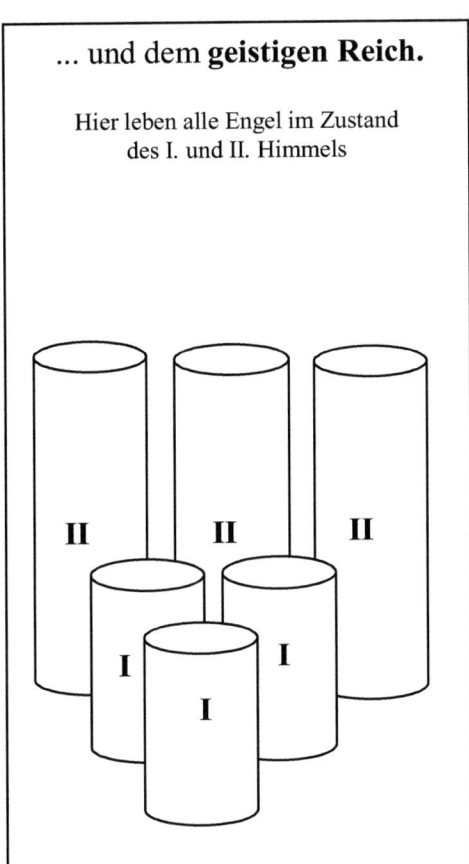

„Weil im Himmel unendliche Vielfältigkeiten sind, und nicht eine Gesellschaft der andern, ja nicht einmal ein Engel dem andern ganz ähnlich ist, so wird der Himmel im Allgemeinen, im Besonderen und im Einzelnen unterschieden; im Allgemeinen in zwei Reiche, im Besonderen in drei Himmel und im einzelnen in unzählige Gesellschaften." [HuH 20]

I   Jede Säule entspricht dem 1. besonderen Himmel eines Engels in einem natürlich / geistigem Zustand.
II Jede Säule entspricht dem 2. besonderen Himmel eines Engels in einem geistigen Zustand.
III Jede Säule entspricht dem 3. besonderen Himmel eines Engels in einem himmlischen Zustand.

Bevor der Mensch allerdings ein Bewohner des allgemeinen Engelhimmels werden kann, muss er zunächst einmal den Weg über die natürliche Erde gegangen sein. Die Zeit, in welcher der Mensch über die Erde wandelt, trägt wesentlich dazu bei, ob sein Gemüt zu einem himmlischen oder höllischen Zustand hintendiert.

In seinem Werk »Erklärte Offenbarung«, Nr. 1145 schreibt Swedenborg, dass es in der Welt Menschen gibt, die Engel sind, aber auch solche, die Teufel sind. Weiter führt er dann aus:

- Aus den Engel-Menschen besteht der Himmel, und aus den Teufel-Menschen die Hölle.
- Beim Engel-Menschen sind alle Lebensgrade bis zum Herrn hin geöffnet, aber bei den Teufel-Menschen ist nur der letzte (unterste) Grad geöffnet, die anderen sind verschlossen.
- Der Engel-Mensch wird vom Herrn geführt, sowohl von Innen als von Außen, der Teufel-Mensch wird von Innen durch sich selbst und von Außen durch den Herrn geführt.
- Der Engel-Mensch wird vom Herrn der Ordnung gemäß geführt: von Innen aus der Ordnung und von Außen zur Ordnung hin; der Teufel-Mensch aber wird von Außen durch den Herrn zur Ordnung geführt, von Innen aber gegen die Ordnung aus sich selbst.
- Der Engel-Mensch wird fortwährend durch den Herrn vom Bösen abgelenkt und zum Guten geführt, aber der Teufel-Mensch wird zwar auch vom Herrn fortwährend vom Bösen abgelenkt, aber nur vom schwereren zu dem geringeren (Bösen), denn zum Guten kann er nicht geführt werden.
- Der Engel-Mensch wird vom Herrn fortwährend von der Hölle abgewendet und immer tiefer in den Himmel eingeführt; der Teufel-Mensch wird zwar auch fortwährend von der Hölle abgelenkt, aber nur von der härteren zu einer milderen, denn in den Himmel kann er nicht geführt werden.
- Weil der Engel-Mensch vom Herrn geführt wird, so wird er auch vom bürgerlichen, moralischen und geistigen Gesetz geführt um

des Göttlichen willen, das in denselben liegt; der Teufel-Mensch aber wird von denselben Gesetzen geführt, aber nur um seines Nutzens willen, der in denselben liegt.

- Der Engel-Mensch liebt durch den Herrn das Gute der Kirche und des Himmels, weil es gut ist, und ebenso das Wahre derselben, weil es wahr ist; aber von sich selbst aus liebt er das Gute des Körpers und der Welt, weil es Nutzen und Vergnügen darbietet; ebenso das Wahre der Wissenschaften. Allein, beides liebt er nur scheinbar aus sich, aber in Wirklichkeit aus dem Herrn. Der Teufel-Mensch aber liebt zwar auch das Gute des Körpers und der Welt aus sich, weil es Nutzen und Vergnügen darbietet, und ebenso das Wahre der Wissenschaften, aber er liebt beides nur scheinbar aus sich, dagegen in Wirklichkeit aus der Hölle.
- Der Engel-Mensch fühlt sich in Freiheit und in der Freude seines Herzens, wenn er Gutes aus guter Absicht tut, und auch, wenn er das Böse nicht tut. Der Teufel-Mensch aber ist in der Freiheit und in der Lust seines Herzens, wenn er Gutes tut aus böser Absicht, und auch, wenn er Böses tut.
- Der Engel-Mensch und der Teufel-Mensch erscheinen dem Äußeren nach einander ähnlich, aber dem Inneren nach sind sie ganz unähnlich; wenn daher nach dem Tode das Äußere abgelegt wird, sind sie einander ganz unähnlich: Der eine wird zum Himmel erhoben, der andere in die Hölle gestürzt.

Bevor es allerdings soweit ist, dass der verstorbene Mensch zum Himmel erhoben, oder in die Hölle gestürzt wird kommt er zuerst in die Geisterwelt, welche in der Mitte zwischen dem Himmel und der Hölle ist. Dort wird er entweder zum Himmel oder zur Hölle vorbereitet, jeder nach seinem Leben in der Welt.[96]

Die Vorbereitung für den Himmel bzw. der Hölle besteht darin, dass der in der Sinnenwelt getrennte Wille mit dem Verstand zu einer Einheit verschmelzen muss. Bei dieser Verschmelzung geht es

---

[96] Ent. 0. 784

darum, dass der Mensch lernt, zu denken was er will, und zu wollen, was er denkt. Wenn dies geschehen ist, machen der Verstand und der Wille wieder ein Gemüt aus. Der Verstand bildet oder stellt dann im Bilde das dar, was der Wille will, und der Wille hat daran Gefallen.[97] Erst wenn Wille und Verstand gewissermaßen eine Ehe geschlossen haben, wird der Geistmensch in den himmlischen oder höllischen Zustand entlassen.

In »Himmel und Hölle«, Nr. 421-422, schrieb Swedenborg dazu:
„Die Geisterwelt ist nicht der Himmel und ist auch nicht die Hölle, sondern ein Mittelort oder Mittelzustand zwischen beiden; denn dahin kommt der Mensch nach dem Tode zuerst, und dann nach vollbrachter Zeit wird er gemäß seinem Leben in der Welt entweder in den Himmel erhoben oder in die Hölle geworfen.

Die Geisterwelt ist ein Mittelort zwischen Himmel und Hölle und ist auch ein Mittelzustand des Menschen nach dem Tode; dass sie ein Mittelort ist, ward mir dadurch offenbar, dass die Höllen unterhalb, und die Himmel oberhalb sind; und dass sie ein Mittelzustand ist, dadurch, dass der Mensch, solang er daselbst ist, noch nicht im Himmel und auch noch nicht in der Hölle ist.

Der Zustand des Himmels bei dem Menschen ist die Verbindung des Guten und Wahren bei ihm, und der Zustand der Hölle ist die Verbindung des Bösen und Falschen bei ihm. Ist bei einem Geist das Gute mit dem Wahren verbunden, dann kommt er in den Himmel, weil, wie gesagt, diese Verbindung der Himmel bei ihm ist; ist aber bei dem Geist das Böse mit dem Falschen verbunden, dann kommt er in die Hölle, weil diese Verbindung die Hölle bei ihm ist; diese Verbindung geschieht in der Geisterwelt, weil alsdann der Mensch im Mittelzustand ist."

Wenn dann nach mehr oder weniger vielen Kämpfen der Wille und der Verstand zu einer Einheit verbunden sind, kommt der Geist-

---

[97] »HuH« 372

mensch seiner Liebe gemäß in einen höllischen oder himmlischen Zustand.

Bisweilen kommt es vor, dass der Mensch gar nicht merkt, dass er verstorben ist. In der »Erklärten Offenbarung«, Nr. 1218, schrieb Swedenborg:

„Ich habe viele sagen hören, sie seien nicht gestorben und sie könnten nicht begreifen, dass etwas von ihrem Körper in ein Grab gelegt worden sei. Dies kommt daher, weil hier, also in der Geisterwelt, ganz die gleichen Dinge erscheinen. Sie wissen aber nicht, dass das, was sie hier sehen und empfinden, nicht materiell ist, sondern substanziell vermöge seines geistigen Ursprungs, und dass dennoch alles Real (wirklich existierend) ist, weil es denselben Ursprung hat wie alles in der Welt, nur mit dem Unterschied, dass den Dingen, die in der natürlichen Welt sind, noch eine Zugabe, gleichsam ein Oberkleid, durch die Sonne der Welt mitgeteilt ist, wodurch sie materiell, fixiert, stetig und messbar geworden sind. Ich kann aber gleichwohl versichern, dass die Dinge in der geistigen Welt mehr Realität haben als die Dinge in der natürlichen Welt, denn das Tote, das in der Natur zum Geistigen noch hinzukommt, macht es nicht mehr, sondern weniger real. Dass dies wirklich der Fall ist, sieht man deutlich am Zustand der Engel des Himmels, wenn man ihn mit dem Zustand der Menschen auf Erden vergleicht, und so auch an allen Gegenständen im Himmel, wenn man sie mit denen auf Erden vergleicht.“[98]

„In der geistigen Welt erscheint alles, was in der natürlichen Welt ist. Es erscheinen Häuser und Paläste, es erscheinen Paradiese und Gärten und in ihnen Bäume aller Art; es erscheinen Äcker und Brachfelder, Felder und Auen, sowie auch großes und kleines Vieh; alles gerade wie auf unserer Erde. [...] Alles, was in der geistigen Welt erscheint, ist Entsprechung, denn es entspricht den Neigungen der Engel und Geister. Dies ist der Grund, warum diejenigen, die in

---

[98] EO 1218

der Neigung zum Guten und Wahren, und daher in der Weisheit und Einsicht sind, in herrlichen Palästen wohnen, um welche Paradiese mit Bäumen sind, die entsprechen, und um diese Äcker und Felder, auf denen Herden liegen, die Scheinbarkeiten sind. Entgegensetzte Entsprechungen sind aber bei denen, die in bösen Neigungen sind. Diese sind entweder in den Höllen in Zuchthäuser eingeschlossen, die keine Fenster haben, in denen aber gleichwohl Licht wie von einem Irrwisch ist, oder sie befinden sich in den Wüsten und wohnen in Hütten, um die alles unfruchtbar ist, und wo sich Schlangen, Drachen, Nachteulen und anderes dergleichen aufhält, was ihrem Bösen entspricht. Zwischen dem Himmel und der Hölle ist ein Mittelort, der die Geisterwelt genannt wird. In diesen kommt jeder Mensch gleich nach dem Tode. [...] Auch hier ist alles, was erscheint, Entsprechung. Es erscheinen hier auch Gärten, Haine, Wälder mit Bäumen und Gesträuchen, sowie auch blumige und grüne Felder, und zugleich Tiere verschiedener Art, zahme und wilde; alles nach der Entsprechung ihrer Neigungen.“[99]

Mit anderen Worten ausgedrückt, alles was der Geist sieht, hört, riecht, schmeckt und fühlt entspringt aus dem Inneren des Geistmenschen. Es erscheint ihm alles so, wie er es aus der natürlichen Welt kennt. Diese Scheinbarkeiten sind Entsprechungen seiner Neigung.

So entsprechen die Kleider, mit welchen die Bewohner der geistigen Welt bekleidet sind, ihrer Einsicht.[100] Und weil die Kleider der Engel ihrer Einsicht entsprechen, so entsprechen sie auch dem Wahren; denn alle Einsicht kommt aus dem Göttlich-Wahren. Deshalb ist es auch gleich, ob man sagt, die Engel seien je nach ihrer Einsicht oder nach dem Göttlich-Wahren bekleidet. Dass die Kleider einiger wie von Flammenglanz funkeln und diejenigen von andern wie von Lichtglanz leuchten, hat seinen Grund darin, dass die Flamme dem Guten und das Licht dem wahren aus dem Guten ent-

---

[99] Die 4 Hauptlehren der Neuen Kirche - Die Lehre vom Glauben 63
[100] HuH 178

spricht. Dass die Kleider einiger glänzend weiß und dann wieder mattweiß ohne Glanz, bei einigen aber bunt sind, kommt daher, dass bei den minder Einsichtsvollen das Göttlich-Gute und Wahre weniger glänzt und auch verschieden aufgenommen wird. Die Engel im innersten Himmel erscheinen nackt, weil sie in der Unschuld sind und die Unschuld der Nacktheit entspricht.[101]

Als Swedenborg einmal mit Engeln sprach, fragte er sie, woher sie ihre Kleider haben, und sie sagten: Vom Herrn, und sie werden damit behängt und zuweilen, ohne ihr Wissen, damit bekleidet. Sie sagten auch, dass sich ihre Kleider je nach ihren Zustands-Veränderungen verändern, und zwar hätten sie in ihrem ersten und zweiten Zustand schimmernde und weiß glänzende Kleider, im dritten und vierten aber etwas dunklere, und auch dies vermöge der Entsprechung, weil bei ihnen Zustands-Veränderungen in Rücksicht der Einsicht und Weisheit seien.[102]

Weil sich in der geistigen Welt bei jedem die Kleider gemäß seiner Einsicht verhalten, somit gemäß den Wahrheiten, aus welchen die Einsicht kommt, so erscheinen die in den Höllen, weil sie ohne Wahrheiten sind, zwar mit Kleidern angetan, aber mit zerrissenen, schmutzigen und hässlichen, jeder nach Beschaffenheit ihrer Torheit, auch können sie nicht mit andern angetan werden; es wird ihnen vom Herrn gegeben, sich zu bekleiden, damit sie nicht nackt erscheinen.[103]

Auch Ort und Raum sind Scheinbarkeiten, die dem Inneren des Geistmenschen entsprechen. In »Himmel und Hölle«, Nr. 191 ff, schreibt Swedenborg:

„Obgleich im Himmel alles ganz wie in der Welt an einem Ort und in einem Raum erscheint, so haben doch die Engel keinen Begriff und keine Vorstellung von Ort und Raum; da dies notwendig als

---

[101] »HuH« 179
[102] »HuH« 181
[103] »HuH« 182

widersinnig erscheinen muss, so will ich die Sache, weil sie von großer Wichtigkeit ist, ins Licht setzen.

Alle Fortbewegungen in der geistigen Welt geschehen durch Zustandsveränderungen des Inwendigen, sodass die Fortbewegungen nichts anderes als Veränderungen des Zustands sind. [...] In dieser Weise bewegen sich alle Engel von Ort zu Ort. Von daher kommt es, dass es für sie keine Abstände gibt, und wenn es keine Abstände gibt, dann gibt es auch keine Räume, sondern statt derselben Zustände und deren Veränderungen.

Weil in dieser Weise die Fortbewegungen vor sich gehen, so ist offenbar, dass die Annäherungen Ähnlichkeiten in Rücksicht des Zustandes des Inwendigen und die Entfernungen Unähnlichkeiten sind. Von daher kommt es, dass diejenigen in der Nähe sind, die sich in gleichem Zustande, in der Ferne aber, die sich in ungleichem befinden, und dass die Räume im Himmel nichts anderes sind, als äußere Zustände, welche den Innern entsprechen."

Auch wenn ein Geist von einem Ort zum andern geht, sei es nun in seiner Stadt oder in den Vorhallen oder in den Gärten oder zu andern außerhalb seiner Gesellschaft, so kommt er schneller dahin, wenn er sich danach sehnt, und langsamer, wenn er sich nicht hinsehnt; der Weg selbst wird je nach seinem Verlangen verlängert und verkürzt, obgleich er derselbe ist. Hieraus erhellt wieder, dass der Abstand, mithin die Räume sich ganz gemäß den Zuständen des Inwendigen bei den Engeln verhalten; und weil dem so ist, dass der Begriff und die Vorstellung des Raumes nicht in ihr Denken eindringen kann, obgleich es bei ihnen ebenso wohl Räume gibt wie in der Welt.[104]

Und in der »Göttlichen Liebe und Weisheit« heißt es in der Nr. 7:

„Weil jedoch die Engel und Geister ebenso mit den Augen sehen wie die Menschen hienieden, und die Gegenstände nicht anders

---

[104] »HuH« 195

geschaut werden können als im Raum, darum erscheinen in der geistigen Welt, wo die Geister und Engel sind, Räume, die den Räumen auf Erden ähnlich, dennoch aber nicht wirkliche Räume sind, sondern Scheinbarkeiten. Sie sind nämlich nicht fest und ortsbeständig wie auf Erden; denn sie können ausgedehnt und zusammengezogen, verändert und gewechselt werden."

So wie die Vorstellung des erscheinlichen Raumes etwas über den Zustand des Geistmenschen aussagt, ist es auch mit der Zeit. In »Himmel und Hölle«, Nr. 162, schreibt Swedenborg:

„Dass die Engel nicht wissen, was Zeit ist, obgleich alles bei ihnen allmählich fortschreitet, wie in der Welt, und zwar so ganz, dass gar kein Unterschied obwaltete, hat seinen Grund darin, dass es im Himmel gar keine Jahre und Tage gibt, sondern Zustandsveränderungen, und da, wo es Jahre und Tage gibt, auch Zeiten sind, da aber, wo es Zustandsveränderungen gibt, Zustände sind.

In der Welt gibt es darum Zeiten, weil die Sonne hier dem Scheine nach von einem Grade zum andern fortrückt und Zeiten macht, die man Jahreszeiten nennt; und sie überdies um die Erde läuft und Zeiten macht, die man Tageszeiten nennt, und zwar diese und jene in feststehendem Wechsel.

Anders die Sonne des Himmels, diese macht nicht durch allmähliche Fortbewegungen und Umdrehungen Jahre und Tage, sondern dem Anschein nach Zustandsveränderungen, und auch diese nicht in festbestimmtem Wechsel, wie dies im vorhergehenden Abschnitt gezeigt worden ist. Von daher kommt es, dass die Engel nicht irgendwelche Vorstellungen von der Zeit haben können, sondern [nur] an deren Statt vom Zustand."

Nachdem ich hoffentlich ein Gefühl dafür vermitteln konnte, dass im Geisterreich Orte, Tiere, Häuser, Pflanzen, ja sogar die Zeit etwas mit dem jeweiligen Zustand des Geistes zu tun haben, möchte ich mich nun dem besonderen Himmel und der Hölle zuwenden.

Alle Menschen, die von Anfang der Schöpfung an geboren worden und gestorben sind, befinden sich im Himmel oder in der Hölle. Dies folgt erstens daraus, dass der Himmel und die Hölle aus dem menschlichen Geschlecht sind. Zweitens daraus, dass jeder Mensch nach dem Leben in der Welt ewig fortlebt. Drittens, dass demnach alle, die je von der Schöpfung der Welt an als Menschen geboren worden und gestorben sind, entweder im Himmel oder in der Hölle sind. Viertens, dass alle, die noch geboren werden, auch in die geistige Welt kommen. Diese Welt ist so groß und von solcher Beschaffenheit, dass die natürliche Welt, in der die Menschen auf Erden sind, nicht mit ihr verglichen werden kann.[105]

Die Hölle ist vom Himmel unendlich weit entfernt, nicht in Ansehung der räumlichen Entfernung, weil es im anderen Leben keine solche Entfernung gibt, sondern in Ansehung des Zustandes; deshalb können die, welche im Zustand der Hölle sind, nicht in den Zustand des Himmels versetzt werden; denn das Böse bei jenen verwirft das Gute bei diesen.[106]

Es gibt drei Himmel und drei Höllen, und wie die Himmel, so sind auch die Höllen in Gesellschaften eingeteilt, und eine jede Gesellschaft der Hölle entspricht vermöge des Gegensatzes einer Gesellschaft des Himmels. Die Entsprechung ist so wie zwischen guten und bösen Neigungen, denn alle Gesellschaften sind (dem Inneren nach) Neigungen.[107]

Der Himmel und die Hölle bilden die geistige Welt. Und weil der Himmel, wie auch die Hölle aus unzähligen Gesellschaften (Neigungen) bestehen, so müssen die Gedanken des Menschen sich notwendig in diese Gesellschaften verbreiten. Die geistigen Gedanken, die sich auf den Herrn, auf die Liebe und den Glauben an Ihn und auf das Wahre und Gute des Himmels und der Kirche beziehen,

---

[105] J.G. 23
[106] HG 9346
[107] EO 1224

140

in die himmlischen Gesellschaften. Die rein natürlichen Gedanken dagegen, also die Gedanken über sich selbst und die Welt und über die Liebe zu diesen beiden, aber nicht zugleich über Gott, in die höllischen Gesellschaften.[108] Daraus folgt, dass Himmel und Hölle keine Orte irgendwo über oder unter der Erde sind. Es handelt sich dabei vielmehr um Begriffe, die den inneren Zustand eines Menschen bzw. Geistes bezeichnen.

In »Himmel und Hölle« schreibt Swedenborg in der Nr. 54:

„Man kann durchaus nicht sagen, der Himmel sei außerhalb jemandes, sondern innerhalb; denn jeder Engel nimmt je nach dem Himmel, der innerhalb seiner ist, den Himmel in sich auf, der außerhalb seiner ist. Hieraus erhellt, wie sehr sich täuscht, wer glaubt, in den Himmel kommen sei bloß unter die Engel erhoben werden, wie man auch immer nach seinem inwendigen Leben beschaffen sein möge, und dass somit der Himmel jedem aus unvermittelter Barmherzigkeit gegeben werde; während doch, sofern der Himmel nicht innerhalb jemandes ist, nichts von dem Himmel, der außerhalb ist, einfließt und aufgenommen wird.

Es gibt viele Geister, die in solcher Meinung stehen und deshalb auch ihres Glaubens wegen in den Himmel erhoben wurden; weil aber ihr inwendiges Leben dem Leben, in dem die Engel sind, entgegengesetzt war, so begannen sie, sobald sie dort waren, ihrem Verstande nach zu erblinden, sodass sie wie Dummköpfe wurden, und auch in ihrem Wollen sich so peinlich beengt zu fühlen, dass sie sich zuletzt wie Wahnsinnige gebärdeten. Mit einem Wort, die ein böses Leben führen und in den Himmel geraten, kämpfen dort mit dem Atem und quälen sich ab, vergleichungsweise wie Fische außerhalb des Wassers in der Atmosphäre. Hieraus kann erhellen, dass der Himmel innerhalb und nicht außerhalb jemandes ist."

---

[108] EO 1092

Zum Abschluss der Himmel – Hölle Begriffsklärung noch ein kurzes Zitat aus der »Erklärten Offenbarung«, Nr. 1142, über die Hölle:

„Es soll daher zuerst gesagt werden, aus welchen die Hölle besteht: Die Hölle besteht aus denjenigen Geistern, die, während sie Menschen in der Welt waren, Gott leugneten, die Natur (als Gott) anerkannten, gegen die göttliche Ordnung lebten, das Böse und Falsche liebten, obwohl nicht offenbar vor der Welt um des Scheins willen und die daher in Beziehung auf das Wahre Unsinn dachten, oder die Wahrheiten verachteten, oder auch leugneten, wenn nicht mit dem Munde, so doch mit dem Herzen. Aus solchen, soviel ihrer seit Erschaffung der Welt waren, besteht die Hölle. Alle diese werden Teufel oder Satane genannt: Teufel die, bei denen die Selbstliebe vorherrschend war, Satane aber die, bei denen die Liebe zur Welt vorherrschte. Die Hölle, wo die Teufel sind, wird im Wort unter dem Teufel verstanden, und die Hölle, wo die Satane sind, unter dem Satan. [...]

Die Hölle besteht aber nicht aus Geistern, die unmittelbar als solche geschaffen wurden, auch nicht der Himmel aus unmittelbar geschaffenen Engeln, sondern die Hölle besteht aus Menschen, die in der Welt geboren waren und durch sich selbst Teufel oder Satane geworden sind, und ebenso besteht der Himmel aus Menschen, die in der Welt geboren wurden und hier durch den Herrn zu Engeln geworden sind.

Alle Menschen sind Geister in Ansehung ihres Inneren, das zu ihrem Gemüt gehört, aber mit einem materiellen Leibe bekleidet, der unter der Herrschaft ihres Geistes und der Gedanken desselben steht, wie auch unter der Herrschaft seiner Neigungen; denn das Gemüt oder der Geist ist das, was wirkt, der materielle Körper aber das, auf das eingewirkt wird. Auch ist jeder Geist, wenn er seinen materiellen Leib abgelegt hat, ein Mensch in gleicher Form wie die Menschen in der Welt. Hieraus kann man erkennen, aus welchen die Hölle besteht.“

In der »Erklärten Offenbarung«, Nr. 1144, erklärt Swedenborg woher der höllische Zustand kommt:

„Der Mensch wurde geschaffen, damit er zunächst sich selbst und die Welt liebe, dann aber, damit er den Nächsten und den Himmel liebe, und endlich, damit er den Herrn liebe. Daher kommt es, dass der Mensch, sobald er geboren ist, zuerst sich selbst und die Welt liebt, dann aber in dem Maße, als er verständig wird, den Nächsten und den Himmel liebt, und dass er, wenn er noch verständiger wird, den Herrn liebt. Wenn er so beschaffen ist, dann ist er in der göttlichen Ordnung, und wird in Wirklichkeit vom Herrn geführt, aber dem Anschein nach von sich selbst. In dem Maße dagegen, als er unverständig ist, bleibt er auf der ersten Stufe stehen, indem er nur sich und die Welt liebt, und wenn er den Nächsten, den Himmel und den Herrn liebt, so tut er es nur um seinetwillen vor den Augen der Welt. Wenn er aber ganz unverständig ist, dann liebt er sich und die Welt nur um seinetwillen und ebenso auch den Nächsten; den Himmel und den Herrn aber verachtet er, oder hasst und leugnet Ihn, wenn nicht mit dem Munde, so doch mit dem Herzen. Dies ist der Ursprung der Selbstliebe und der Weltliebe, und weil diese Liebesarten die Hölle bilden, so ist klar, woher diese kommt."

Ich hoffe, dass ich einigermaßen deutlich machen konnte, dass Himmel, Hölle und Geisterwelt verschiedene Zustände von verstorbenen Menschen bezeichnen. Zustände, die von der maximal möglichen Gottesnähe bis zur maximal möglichen Gottesferne des Gemüts reichen.

Dabei scheint es so zu sein, dass sich das Innere der im Jenseits lebenden Geister so als Vorbildungen darstellt, dass sie das gesehene und erlebte als real existierend empfinden. Oder um es mit Swedenborg auszudrücken:

„Man muss aber wissen, dass das Empfindungsleben der Geister ein doppeltes ist, nämlich ein reales und ein nicht reales. Das eine ist vom anderen darin unterschieden, dass alles das real ist, was denen erscheint, die im Himmel sind, aber alles nicht real, was denen erscheint, die in der Hölle sind; denn alles, was aus dem Göttlichen, d. h. vom Herrn kommt, ist real, denn es kommt aus dem Sein (oder Wesen) der Dinge selbst und aus dem Leben in sich; aber alles, was aus dem Eigenen des Geistes kommt, das ist nicht real, weil es nicht aus dem Sein der Dinge und nicht aus dem Leben in sich kommt.

Diejenigen, die in der Neigung des Guten und Wahren leben, sind im Leben des Herrn, somit im realen Leben; denn im Guten und Wahren ist der Herr durch die Neigung gegenwärtig; diejenigen aber, die sich im Bösen und Falschen aus Neigung befinden, sind im Leben ihres Eigenen, somit im nicht realen Leben; denn im Bösen und Falschen ist der Herr nicht gegenwärtig.

Das Reale (Wirkliche) unterscheidet sich vom nicht Realen (nicht Wirklichen) dadurch, dass das Reale in Wirklichkeit so ist, wie es erscheint, und dass das nicht Reale in Wirklichkeit nicht so ist, wie es erscheint.

Die in der Hölle sind, haben auf gleiche Weise Empfindungen, und wissen nichts anderes, als dass es wirklich oder tatsächlich so sei, wie sie fühlen. Gleichwohl aber erscheinen, wenn sie von den Engeln erforscht werden, eben dieselben Dinge wie Phantasmen und verschwinden, und sie selbst erscheinen nicht wie Menschen, sondern wie Ungeheuer.

Es wurde mir auch gegeben, mit ihnen hierüber zu reden, und einige unter ihnen sagten, sie glaubten, dass diese Dinge wirklich seien, weil sie dieselben sähen und berührten, und fügten hinzu, dass ihr Sinn sie nicht täuschen könne; aber es wurde mir gestattet, ihnen zu antworten, dass sie dennoch nicht wirklich seien, und zwar deshalb, weil sie sich im Widerspruch oder im Gegensatz mit dem Göttlichen befinden, nämlich im Bösen und Falschen, wie sehr es ihnen auch als Reales erscheine, und außerdem seien sie selbst, insofern sie in den Begierden des Bösen und in den Beredungen des Falschen lebten, nichts als Fantasien in Ansehung ihres Denkens; und aus Fantasien etwas sehen, heißt, das Wirkliche so sehen, als ob es nicht wirklich, und das nicht Wirkliche so sehen, als ob es wirklich wäre; und wenn es ihnen nicht, vermöge der göttlichen Barmherzigkeit des Herrn, gestattet wäre, so zu empfinden, so würden sie kein Empfindungsleben haben, daher auch kein Leben; denn die Empfindung macht das Ganze des Lebens aus."[109]

„Alle Dinge, die bei den Engeln und Geistern erscheinen, sind Vorbildungen gemäß den Entsprechungen solcher Dinge, die Gegenstände der Liebe und des Glaubens sind. Die Himmel sind voll von Vorbildungen. Die Vorbildungen sind um so schöner und vollkommener, je inwendiger sie in den Himmeln sind. Die Vorbildungen sind dort reelle Erscheinungen, weil sie vom Licht des Himmels herkommen, welches das göttliche Wahre ist, und dieses ist das eigentlich Wesentliche der Existenz aller Dinge."[110]

Natürlich haben auch die Höllenbewohner Vorbildungen gemäß den Entsprechungen ihrer Liebe und ihres Glaubens. Denn wie alles, was der göttlichen Ordnung gemäß ist, dem Himmel entspricht, so entspricht auch alles, was wider die göttliche Ordnung ist, der Hölle. Was dem Himmel entspricht, bezieht sich auf das Gute und Wahre, was der Hölle entspricht, auf das Böse und Falsche.

In der »Göttlichen Liebe und Weisheit«, Nr. 343, kann man lesen:

„Alle Dinge, die in der geistigen Welt, sowohl im Himmel als in der Hölle erscheinen, sind Entsprechungen von Trieben und Begierden, denn diesen gemäß entstehen sie daselbst."

Während die Vorbildungen bei den Engeln in Abhängigkeit von ihrer Liebe zum Herrn immer realer werden, sind die vorgebildeten Erscheinungen bei den Höllenbewohnern letztendlich Fantasiebilder. Auch wenn sie ihre aus der Eigenliebe entspringenden Vorbildungen für wahr halten, haben sie dennoch keinen realen (göttlichen) Hintergrund.

---

[109] HG 4623
[110] N.J. 261

Hier stellt sich für mich die Frage, wie es sich mit den bei Swedenborg oft erwähnten Gesellschaften verhält. Was sind sie und welche Realität haben sie im Himmel und in der Hölle? Bevor man hierauf eine Antwort finden kann, muss man zunächst einmal den Begriff Gesellschaften so definieren, wie er wahrscheinlich von Swedenborg gemeint war.

Um verstehen zu können, was Swedenborg unter Gesellschaften verstanden hat, möchte ich kurz daran erinnern, dass die Worte Himmel und Hölle Synonyme für innere Zustände[111] des Menschen bzw. Geistes sind. Denn der Zustand des Himmels bei dem Menschen ist die Verbindung des Guten und Wahren bei ihm, und der Zustand der Hölle ist die Verbindung des Bösen und Falschen bei ihm.[112]

Alle Dinge, die bei den Engeln und Geistern erscheinen, sind Vorbildungen gemäß den Entsprechungen solcher Dinge, die Gegenstände der Liebe und des Glaubens sind.[113] In der geistigen Welt gibt es weder Raum noch Zeit.[114] Von daher sind die in den Jenseitsberichten beschriebenen Objekte wie z. B. Häuser, Gärten, Bäume, Äcker, Berge, Tiere ja selbst Kleidung und Zeit Entsprechungen der Neigungen von dem jeweiligen Engel oder Geist.[115]

In der »Erklärten Offenbarung des Johannes« wird dies in der Nummer 482 bestätigt. Dort kann man lesen:

„Im Himmel ist alles vorbildlich, was vor den Augen erscheint, denn es bildet unter der natürlichen Erscheinung Geistiges vor, das die Engel denken und wovon sie angeregt werden, und ihre Gedanken und Neigungen stellen sich vor ihren Augen in solchen Formen

---

[111] Unter Zustand wird verstanden der Zustand der Neigung und daher des Denkens. [EO 16]
[112] »HuH« 422
[113] N.J. 261
[114] EO 1220
[115] Die 4 Hauptlehren der Neuen Kirche - Die Lehre vom Glauben 63

dar, wie sie in der Welt sind, oder in Formen, die den natürlichen ähnlich sind, und zwar vermöge der Entsprechung, die vom Herrn zwischen den geistigen und natürlichen Dingen gemacht ist, von welcher Entsprechung in vielen Stellen gehandelt wurde."

Wenn also alles was die Engel bzw. Geister im Geisterreich mit ihren geistigen Sinnen aufnehmen etwas mit dem Zustand ihres Gemüts zu tun hat, dann liegt der Gedanke nahe, dass in diesem Zusammenhang die Gesellschaften auch ein Synonym für Vorbildungen von Geistigem sind. So wie es sich mir darstellt, handelt es sich bei den Gesellschaften um eine Anhäufung von artgleichen Gedanken und Neigungen im Gemüt der Geister und Engel. Hierzu zwei Zitate aus den »Himmlischen Geheimnissen«. In der Nr 644 steht geschrieben:

„Wille und Verstand sind unter sich völlig unterschieden, von daher kommt es, dass das menschliche Hirn in zwei Teile, die Halbkugeln genannt werden, geteilt ist. Zu seiner linken Halbkugel gehört das Verständige, zur rechten das Willige; dies ist die allgemeinste Unterscheidung. Außerdem werden sowohl der Verstand als der Wille in unzählige Teile geschieden, denn es gibt so viele Abteilungen des Verständigen und so viele des Willigen im Menschen, dass sie nie nach den Hauptgattungen, geschweige denn nach den Arten ausgedrückt oder aufgezählt werden können. Der Mensch ist wie ein kleinster Himmel, welcher der Geisterwelt und dem Himmel entspricht, wo alle Gattungen und alle Arten des Verständigen und Willigen aus dem Herrn so höchst geordnet unterschieden sind, dass es auch nicht ein Allerkleinstes gibt, das nicht unterschieden wäre. Im Himmel werden jene Abteilungen Gesellschaften genannt, im Worte Wohnungen und vom Herrn Bleibestätten."

Und in der Nr. 6610 kann man lesen:

„Solange der Mensch lebt, verändern sich die Vorstellungen seines Denkens, sie werden nämlich teils vermehrt, teils geteilt, und so zu verschiedenen und neuen Gesellschaften gleichsam ausgedehnt: bei denen, die im Bösen sind, zu höllischen Gesellschaften, ebenso bei denen, die in Beredungen des Falschen sind. Bei denen hingegen, die in den Beredungen des Wahren, d. h., die in einem Beredungs-glauben sind, werden die Vorstellungen sehr beschränkt. Dagegen bei denen, die wiedergeboren werden, verbreiten sich die Gedanken und Neigungen beständig in neue himmlische Gesellschaften, und die Ausdehnung nimmt zu. Auch werden die früheren Gedanken und Neigungen geteilt, und die geteilten mit den Vorstellungen ver-einigt, die wiederum mit neuen Gesellschaften in Verbindung ste-hen. Hauptsächlich wird das Allgemeine mit Besonderem erfüllt, und dieses mit Einzelnem, also mit neuen Wahrheiten, durch wel-che die Erleuchtung zunimmt.‟

Wenn man den Inhalt dieser Zitate einmal auf sich wirken lässt, dann kristallisieren sich folgende Gedanken heraus:

Sowohl der Verstand als auch der Wille von Menschen, Geistern und Engeln sind in unzählige Teile bzw. Einzelgedanken und Ein-zelgefühle unterschieden. Es gibt so viele Abteilungen des Verstän-digen und so viele des Willigen im Menschen, dass sie nie nach den Hauptgattungen, geschweige denn nach den Arten ausgedrückt oder aufgezählt werden können. Diese Abteilungen im menschlichen Gemüt werden Gesellschaften genannt.

Die aus Einzelgedanken und Einzelgefühlen bestehenden Gesell-schaften im menschlichen Gemüt werden in dem Maße vermehrt, geteilt oder neu angelegt, wie sich die aus dem Denken entsprin-genden Vorstellungen verändern. Bei denen, die wiedergeboren werden, verbreiten sich die Gedanken und Neigungen in neue himmlische Gesellschaften. Bei denen, die im Bösen sind, verbrei-ten sich die Gedanken und Neigungen in neue höllische Gesell-schaften.

Im Zuge der Persönlichkeitsentwicklung werden viele der früheren Gedanken und Neigungen geteilt, und mit den Vorstellungen vereinigt, die mit neuen Einzelgedanken und Einzelgefühlen (Gesellschaften) in Verbindung stehen. Hauptsächlich wird das Allgemeine mit Besonderem erfüllt, und dieses mit Einzelnem, also mit neuen Wahrheiten, durch welche die Erleuchtung zunimmt.

Mit diesem Denkansatz möchte ich nun einige Textstellen aus den »Himmlischen Geheimnissen« betrachten.

In der Nr. 684 steht geschrieben: „Es sind drei Himmel: der Erste, wo die guten Geister, der Zweite, wo die engelischen Geister, der Dritte, wo die Engel sind; und einer innerlicher und reiner als der andere; somit unter sich ganz geschieden. Sowohl der erste Himmel, als der Zweite, und der Dritte, ist geschieden in unzählige Gesellschaften, und jede Gesellschaft besteht aus vielen, die durch Harmonie und Einmütigkeit gleichsam eine Person bilden; und alle Gesellschaften zusammen gleichsam einen Menschen.

Die Gesellschaften sind unter sich geschieden je nach den Unterschieden der gegenseitigen Liebe und des Glaubens an den Herrn; welche Unterschiede so unzählig sind, dass nicht einmal die allgemeinsten Gattungen aufgezählt werden können. Auch gibt es nicht das geringste eines Unterschieds, das nicht auf das Geordnetste darauf angelegt wäre, dass es einmütigst mitwirke zur allgemeinen Einheit, und die allgemeine Einheit zur Einmütigkeit der einzelnen, und von daher zu der allen aus den einzelnen, und den einzelnen aus allen entspringenden Seligkeit. Daher denn ein jeder Engel und eine jede Gesellschaft ein Bild des gesamten Himmels und gleichsam ein kleiner Himmel ist."

'Es sind drei Himmel' bedeutet, dass es drei verschiedene himmlische Zustände bei den lebenden bzw. verstorbenen Menschen gibt. In Abhängigkeit davon, in welchem Zustand sich der Mensch befindet, unterscheiden sich auch die Gesellschaften, welche seine Einzelgedanken und Einzelgefühle symbolisieren. Die verschiedenen Gedanken und Neigungen des Menschen bilden - wenn sie sich in Harmonie und Einmütigkeit befinden - gleichsam Gesellschaften und alle Gesellschaften zusammen machen den Menschen bzw. Geistmenschen aus. Eine Folge davon ist die, dass nie einer eine ganz gleiche Hölle noch je einer einen ganz gleichen Himmel wie ein anderer hat. Wie es denn auch nirgends einen Menschen, Geist und Engel gibt, der einem anderen ganz gleich ist.[116]

Die Verbindungen der einzelnen Gesellschaften innerhalb einer Zustandsebene bei Menschen, Geistern und Engeln ist vergleichbar mit Verwandtschaftsbindungen. In den »Himmlischen Geheimnissen«, Nr. 685 kann man hierzu lesen:

„Wunderbare Zusammengesellungen sind im anderen Leben. Sie verhalten sich vergleichsweise wie die Verwandtschaften auf Erden, dass man nämlich sich anerkennt als Eltern, als Kinder, als Brüder, als Blutsverwandte, als Verschwägerte; solchen Unterschieden gemäß ist die Liebe. Die Unterschiede sind endlos, die sich mitteilenden Wahrnehmungen so fein, dass sie nicht geschildert werden können.

Gar keine Rücksicht wird genommen auf Eltern, Kinder, Verwandte und Verschwägerte auf der Erde, auch nicht auf irgendeine Person, wer sie auch war, somit nicht auf Würden, nicht auf Reichtümer und dergleichen, sondern allein auf die Unterschiede der gegenseitigen Liebe und des Glaubens, zu deren Aufnahme man das Vermögen empfing vom Herrn, da man in der Welt lebte."

Dieses Zitat bringt zwei Aspekte zum Ausdruck. Zum einen weist Swedenborg seine Leser behutsam darauf hin, dass sie in der geistigen Welt, ihre Eltern, Kinder, Geschwister usw. nicht so ohne Weiteres wiedersehen werden.[117] Zum anderen zeigt er auf, dass der

---

[116] HG 457

[117] Jeder nämlich ist Nächster je nach der geistigen Verwandtschaft und Verschwägerung; dies kann man daraus sehen, dass jeder Mensch nach seinem Tode unter die Seinigen kommt, mit denen er hinsichtlich des Guten, oder was dasselbe ist, hinsichtlich der Neigungen übereinstimmt. Die natürlichen Verwandtschaften erlöschen auch wirklich nach dem Tode und an ihre Stelle treten die geistigen

Herr das Gemüt des Menschen so eingerichtet hat, dass sich seine Neigungen und Gedanken in Abhängigkeit von der jeweiligen Liebe und Weisheit vergleichsweise wie Gesellschaften zusammenfinden können.

Um verstehen zu können, wieso sich Neigungen zu Gesellschaften zusammenfinden können, möchte ich kurz das Wort »Neigungen« definieren. Unter Neigung versteht Swedenborg[118] dasselbe wie unter dem Wort »Liebe«, wobei die Liebe gleichsam die Quelle ist und die Neigungen die daraus hervorgehenden Bäche. Sie sind sozusagen die Fortsetzungen der Liebesquelle. Die Liebe ist die Quelle im Willen des Menschen, während die Neigungen die Bäche sind, die fortwährend in den Verstand einfließen und dort mittels des Lichtes aus dem Wahren die Gedanken hervorbringen.

Das ist vergleichbar mit einem aus den Strahlen des Sonnenlichtes entspringenden Hauch von Wärme, der in einem Garten das Sprießen der Keime ermöglicht. Die Liebe ist ihrem wahren Ursprung nach die Wärme des Himmels, die Wahrheiten aber sind ihrem Ursprung nach die Strahlen des himmlischen Lichtes, während die Gedanken die hervorkeimenden Triebe aus der Ehe (Verbindung) jener beiden sind.

Aus einer solchen Ehe stammen alle Gesellschaften des Himmels, die unzählig und ihrem Wesen nach Neigungen sind; denn sie stammen letztendlich aus der Wärme der göttlichen Liebe und dem Licht der göttlichen Weisheit. Von daher sind jene Gesellschaften, sobald bei ihnen die Wärme mit dem Licht und das Licht mit der

---

Verwandtschaften; denn in einer himmlischen Gesellschaft kennt einer den anderen und sie gesellen sich zusammen, weil sie in gleichem Guten sind. Von zehn Brüdern in der Welt können fünf in der Hölle sein und fünf im Himmel, und diese Fünf in verschiedenen Gesellschaften; wenn diese zusammenkommen, kennt keiner den anderen; **sie sind auch wirklich ihrem Angesicht nach wie ihre Neigungen.** [Von der Liebtätigkeit IV,1]

[118] EO 1175

Wärme vereinigt ist, Neigungen des Guten und Wahren und aus diesen stammen die Gedanken aller in diesen Gesellschaften.

„Hieraus erhellt", schreibt Swedenborg,[119] „dass die Gesellschaften des Himmels (ihrem Wesen nach) nicht Gedanken, sondern Neigungen sind, und dass folglich durch solche Gesellschaften geführt werden soviel ist, als durch Neigungen geführt werden, und somit umgekehrt durch Neigungen geführt werden soviel ist, als durch Gesellschaften geführt werden. Deshalb soll auch in dem, was nun folgt, statt Gesellschaften „Neigungen" gesagt werden.

Warum wird aber der Mensch vom Herrn durch Neigungen geführt und nicht durch Gedanken? Wenn der Mensch vom Herrn durch Neigungen geführt wird, dann kann er allen Gesetzen der göttlichen Vorsehung[120] gemäß geführt werden, was aber nicht möglich ist, wenn er durch Gedanken geführt wird; denn die Gefühle oder Neigungen offenbaren sich nicht vor dem Menschen, wohl aber die Gedanken.

Außerdem bringen Neigungen die Gedanken hervor, aber es werden umgekehrt keine Neigungen durch Gedanken hervorgebracht. Es erscheint zwar so, als ob sie Neigungen hervorbrächten, aber es ist nur eine Täuschung. Wenn aber die Neigungen die Gedanken hervorbringen, so bringen sie alles im Menschen hervor, weil sie das Leben desselben sind. Dies ist auch in der Welt bekannt: Wenn du einen Menschen bei seiner Neigung gefasst hast, so hältst du ihn gleichsam gefesselt und führst ihn, wohin du willst, und dann gilt bei ihm ein Grund soviel wie tausend; wenn du aber einen Menschen nicht bei seiner Neigung gefasst hast, dann richten die Gründe nichts bei ihm aus, denn die nicht übereinstimmende Neigung fasst sie verkehrt auf oder verwirft und vernichtet sie. Ebenso würde es gehen, wenn der Herr die Menschen durch Gedanken und nicht durch Neigungen führen wollte."

---

[119] EO 1175
[120] Somit auch in der Willensfreiheit

Wenn man bedenkt, was für eine wichtige Bedeutung die Neigungen im menschlichen Gemüt haben, dann bekommen die in dem folgenden Zitat erwähnten Gesellschaften eine sehr interessante Bedeutung. Dort steht in den »Himmlischen Geheimnissen«, Nr. 687, geschrieben:

„Weil der Himmel so beschaffen ist, kann kein Engel oder Geist je ein Leben haben, es sei denn in einer Gesellschaft, und so in der Harmonie vieler. Eine Gesellschaft ist nichts anderes als eine Harmonie mehrerer, denn es gibt überall kein Leben von jemand, das getrennt wäre von dem Leben anderer. Ja es kann durchaus kein Engel oder Geist, oder Verein einiges Leben haben, d. h. vom Guten angeregt werden und wollen, noch vom Wahren angeregt werden und denken, er habe denn eine Verbindung durch mehrere seiner Gesellschaft mit dem Himmel und mit der Geisterwelt.

Ebenso wenig kann das Menschengeschlecht, ein Mensch, wer und wie beschaffen er auch sei, irgend leben, d. h. vom Guten angeregt werden, wollen, vom Wahren angeregt werden, denken, er sei denn in gleicher Weise verbunden mit dem Himmel, durch die Engel bei ihm und mit der Geisterwelt, ja mit der Hölle durch die Geister bei ihm.

Denn jeder ist, wenn er im Leibe lebt, in einer gewissen Gesellschaft von Geistern und Engeln, obwohl er dies gar nicht weiß, und wenn er nicht durch die Gesellschaft, in der er ist, verbunden ist mit dem Himmel und mit der Geisterwelt, so kann er auch nicht eine Minute leben."

Wenn man das Wort >Gesellschaften< durch das Wort >Neigungen< austauscht, dann bringt der Text zum Ausdruck, dass kein Himmels-, Höllen- und Geisterweltbewohner existieren könnte, wenn ihm nicht der Herr die Fähigkeit in seinem Gemüt eingepflanzt hätte, aus seiner Lebensliebe heraus Neigungen zu entwickeln. Und weil keine Neigung für sich allein bestehen kann, ver-

binden sich miteinander harmonisierende Neigungen zu Gesellschaften.

Die aus seiner Liebe entspringenden Neigungen sind es durch die
der Mensch sowohl mit dem Herrn als auch mit der Sinnenwelt verbunden ist. Nur dadurch, dass der Herr beständig in die gottzugewandten Neigungen (himmlische Gesellschaften) des Gemüts einfließt, hat der Mensch eine Verbindung zum Himmel. Und dadurch,
dass die Sinnenwelt ständig in seine gottabgewandten Neigungen
(höllische Gesellschaften) einfließt, ist der Mensch mit der Hölle
verbunden. Wäre der Mensch durch diese himmlischen und höllischen Neigungen nicht mit dem Himmel und mit der Geisterwelt
verbunden, so könnte er nicht mal eine Minute lang leben.

In diesem Zusammenhang spricht Swedenborg davon, dass bei einem jeden Menschen wenigstens zwei Geister und zwei Engel sind.
So heißt es z. B. in den »Himmlischen Geheimnissen«, Nr. 50:

„Der Mensch weiß gar nicht, dass er vom Herrn durch Engel und
Geister regiert wird, und dass bei jedem Menschen wenigstens zwei
Geister und zwei Engel sind; durch die Geister entsteht eine Gemeinschaft des Menschen mit der Geisterwelt und durch Engel mit
dem Himmel. Ohne die Gemeinschaft des Menschen durch die
Geister mit der Geisterwelt und durch die Engel mit dem Himmel
und so durch den Himmel mit dem Herrn kann er (der Mensch)
durchaus nicht leben, sein Leben hängt ganz von dieser Verbindung
ab; würden die Geister und Engel zurücktreten, so ginge er im Au-
genblick zugrunde."

Hier stellt sich natürlich die Frage, ob Swedenborg im Zusammenhang mit dem Einfließen von himmlischen und höllischen Le-
bensimpulsen an Engel und Geister denkt, die sich aus verstorbenen
Menschen rekrutieren. Wenn dem so wäre, dann würde dies bedeuten, dass mindestens zwei verstorbene Menschen in einem himmlischen Zustand und zwei verstorbene Menschen in einem höllischen

Zustand bei einem jeden Menschen sein müssten, damit er in der Willensfreiheit leben kann.

Für mich ergibt dieser Gedanke folgendes Problem: „Wie war das bei den ersten Menschen, die ja auch in der Willensfreiheit lebten?" In jener Zeit gab es doch noch gar keine bzw. viel zu wenige verstorbene Menschen, die in einem himmlischen oder höllischen Zustand gewesen sind. Das heißt, dass über einen langen Zeitraum die Menschen ohne die Gemeinschaft mit Engeln und Geistern leben mussten. Was wiederum nicht sein kann, denn auch die Uralten waren dazu erkoren Kinder Gottes zu werden. Aus diesem Blickwinkel gesehen, versteht Swedenborg in diesem Zusammenhang unter Engel und Geister möglicherweise etwas ganz anderes.

Ich denke, dass Swedenborg mindestens zwei verschiedene Arten von Geistern kennt. Da sind zum einen die verstorbenen Menschen, welche in der Geisterwelt, also dem Zustand nach dem Hinübergang in die geistige Welt, leben. Zum anderen bezeichnet Swedenborg hin und wieder Engel und Geister als Neigungen. So schreibt er in seinem Werk »Göttliche Vorsehung«, in der Nr. 50:

„Weil die Engel und Geister Neigungen, welche der Liebe angehören, und die hieraus hervorgehenden Gedanken sind, darum sind sie auch nicht in Raum und Zeit, sondern nur in der Scheinbarkeit derselben. Die Scheinbarkeit der Zeit und des Raumes ist bei ihnen den Zuständen ihrer Neigungen und der Gedanken aus diesen gemäß. Wenn daher Einer aus Neigung an einen Anderen denkt, mit dem Verlangen, ihn zu sehen, oder mit ihm zu sprechen, so stellt er sich auf der Stelle als gegenwärtig dar.

Raum und Zeit tragen nichts zur Gegenwart bei, aus dem Grunde, weil die Neigung und das Denken daraus nicht in Raum und Zeit sind, und die Engel und Geister Neigungen sind und Gedanken aus diesen."

Diese Art von Geistern haben eine wichtige Funktion im Gemüt des Menschen. Sie symbolisieren den Einfluss der Sinnenwelt in das

Innenleben des Menschen. Dieser Einfluss ermöglicht es dem Menschen, in der Verbindung mit dem Einfluss des Herrn, in der Willensfreiheit zu leben. Dass dem tatsächlich so ist, möchte ich im Folgenden darlegen.

Der normale Durchschnittsbürger geht davon aus, dass das Leben des Menschen sein Eigentum ist. Er meint, dass er kein Empfänger des Lebens ist, vielmehr denkt er, dass er aus sich selbst heraus lebt. Diese von den meisten Menschen vertretene Meinung ist die Folge eines Scheines. Der Mensch glaubt nämlich, dass er ganz aus sich heraus empfindet, denkt, redet und handelt. Weshalb der Satz, der Mensch ist ein Aufnahmegefäß des Lebens, und kein selbstständiges Leben, ihm als etwas noch nicht Gehörtes und Widersinniges, weil dem sinnlichen Denken und allem Anschein Widersprechendes, erscheinen muss.

Den Grund für diesen irrigen Glauben, dass der Mensch ein selbstständiges Leben ist, ihm also das Leben anerschaffen, und danach durch die Fortpflanzung eingezeugt worden sein soll, kann man von dem äußeren Schein herleiten. Die Ursache der Täuschung durch denselben ist die, dass heutzutage die meisten Menschen natürlich und nur wenige geistig sind, der natürliche Mensch aber nach den Scheinbarkeiten und den daraus hervorgehenden Täuschungen urteilt. Diese aber widersprechen jedoch schnurstracks der Wahrheit, dass der Mensch nicht ein selbstständiges Leben, sondern nur ein Aufnahmegefäß des Lebens ist.[121]

Der aufgeklärte Mensch ist so sehr von der Idee eines eigenen Lebens durchdrungen, dass er sich lieber den Scheinbarkeiten der materiellen Welt hingibt, als eine geistige, jenseits von Raum und Zeit angesiedelte Welt in Erwägung zu ziehen.

Doch unabhängig davon, ob sich der Mensch in den Scheinbarkeiten der natürlichen Welt verlieren will oder nicht, gibt es dennoch

---

[121] WCR 470

im Leben eines jeden irdischen Menschen eine Zeit, wo ihm die geistige Welt alles und die natürliche Welt nur sehr wenig bedeuten. Diese Zeit durchlebt jeder Mensch auf unserer Erde. Ich meine damit die Zeit der Kindheit, wo sich der Mensch noch nicht in der Sinnenwelt verloren hat.

Um verstehen zu können, warum sich der Mensch als Kleinkind quasi in einem himmlischen Zustand befindet, gilt es zwei Aspekte zu bedenken. Da ist zum einen der bereits erwähnte Gedanke, dass der Mensch nicht aus sich selbst heraus lebt, sondern ein Aufnahmegefäß des Lebens aus Gott ist. Wobei der Leib des natürlichen Menschen sein Leben bzw. seine Lebensenergie in der Form von Nahrung aufnimmt. Und die Nahrung letztendlich ihre belebende Kraft von der natürlichen Sonne erhält. Als Stichworte hierfür möchte ich nur die Fotosynthese und die Nahrungskette erwähnen.

Ganz anders ist die Situation bei dem jenseits von Raum und Zeit lebenden Geistmenschen, der als so eine Art Maschinenführer den an sich toten Körper belebt. Er bezieht seine Lebensenergie aus der geistigen Sonne. Ähnlich wie aus der natürlichen Sonne entströmt auch der geistigen Sonne unentwegt das Licht der göttlichen Weisheit und die Wärme der göttlichen Liebe und belebt so die gesamte geistige Schöpfung, wozu natürlich auch jeder einzelne Geistmensch gehört.

Der zweite Aspekt zum Verständnis des himmlischen Zustandes von Kleinkindern ist der, dass der Mensch im Unterschied zum Tier ohne jegliches Wissen in diese Welt geboren wird. Gewissermaßen als Ausgleich sind ihm dafür aber die Fähigkeit zum Wissen und die Neigung zum Lieben angeboren. Er hat im Gegensatz zum Tier die Fähigkeit nicht nur zu wissen, sondern auch zu verstehen und weise zu sein, und er hat die Neigung, nicht nur das zu lieben, was sein und der Welt, sondern auch das, was Gottes und des Himmels ist.[122]

---

[122] EL 134

Die Folge davon, dass der Mensch ohne jegliches Wissen in diese Welt geboren wird ist die, dass sich in dem Gemüt eines Babys noch nichts Böses und Falsches befindet. Sein Wissen über die Dinge der natürlichen Daseinsebene beschränkt sich zunächst auf das, was zum Erhalt seines Körpers unbedingt notwendig ist. Und seine Fähigkeiten, mit der natürlichen Welt zu kommunizieren, sind sehr eingeschränkt, denn er muss erst mühsam den sinnvollen Gebrauch seiner Sinnesorgane erlernen.

Als Beispiel möchte ich hierfür das Sehvermögen anführen, welches im ersten Lebensjahr eine enorme Entwicklung erfährt. Durch die optischen Sinnesreize lernt das Gehirn im Laufe der Zeit, die über die Augen gelieferten Informationen zu verarbeiten, und entwickelt die hierfür notwendigen Nervenverbindungen. Insbesondere die Sehschärfe erfährt im ersten Lebensjahr eine große Entwicklung: Während das Neugeborene noch sehr unscharf sieht, besitzt das einjährige Kind bereits fünfzig Prozent der Sehschärfe eines Erwachsenen.

So gesehen ist es sicherlich nicht weiter verwunderlich, wenn sich das neugeborene Menschkind mehr in den himmlischen Gefilden der jenseitigen Welt als in den irdischen Gefilden der hiesigen Welt aufhält. Dieses Himmlische, schreibt Swedenborg, wird dem Menschen hauptsächlich im Stande seiner Kindheit bis zum Knabenalter eingeflößt, und zwar ohne Erkenntnisse; denn es fließt ein vom Herrn und regt an, ehe der Mensch weiß, was Liebe und Anregung ist, wie das erhellen kann aus dem Zustand der Kinder und hernach aus dem Zustand des ersten Knabenalters; dies sind bei dem Menschen die Überreste.[123]

Von daher kommt es auch, dass sich Säuglinge in einem Zustand der Unschuld befinden, denn in ihrem Gemüt konnte sich noch nichts Falsches und Böses verankern. Swedenborg schrieb dazu in seinem Werk »Himmel und Hölle«, dass frisch verstorbene Kinder

---

[123] HG 1450

im anderen Leben in gleicher Weise Kinder sind. Sie haben das gleiche kindliche Gemüt, die gleiche Unschuld in der Unwissenheit und die gleiche Zartheit in allem.[124]

Der Zustand der Kinder hat aber gegenüber dem Zustand der Übrigen eines voraus, sie befinden sich im Zustand der Unschuld, weil sich das Böse infolge des wirklichen Lebens noch nicht in ihnen einwurzeln konnte. Und die Unschuld hat die Beschaffenheit, dass ihr alles zum Himmel gehörige eingepflanzt werden kann; denn die Unschuld ist ein Aufnahmegefäß des Wahren des Glaubens und des Guten der Liebe.[125]

Während dieses Zustands der Unschuld werden die von Gott im menschlichen Gemüt angelegten Begabungen kultiviert. Diese den Menschen ausmachenden Anlagen ermöglichen es ihm, auf seinem Lebensweg die Pfade der geistigen und himmlischen Wiedergeburt zu beschreiten. Dass nur der Herr allein die im Gemüt angelegten Samen der Unschuld, Liebtätigkeit und Barmherzigkeit kultivieren kann, hat Swedenborg in den »Himmlischen Geheimnissen«, NR. 1050, wie folgt beschrieben:

„Die Zustände der Unschuld, Liebtätigkeit und Barmherzigkeit, die der Mensch in der Kindheit und in den Knabenjahren hat, machen, dass der Mensch Mensch sein kann. Dies ist deshalb so, weil der Mensch nicht, wie die unvernünftigen Tiere, in irgendeine Lebensübung geboren wird, sondern alles und jedes erlernen muss, und dass das, was er erlernt, von der Übung her zur Gewohnheit und sozusagen zu seiner Natur wird.

Nicht einmal gehen kann der Mensch, wenn er es nicht erlernt, auch nicht reden, und so in allem Übrigen. Diese Fähigkeiten werden ihm durch die Übung gleichsam zu seiner Natur; so verhält es sich mit

---

[124] »HuH« 330
[125] »HuH« 330

dem Zustand der Unschuld, Liebtätigkeit und Barmherzigkeit, die ihm ebenfalls von der Kindheit an beigebracht werden.

Würden diese Zustände beim Menschen fehlen, so wäre er viel geringer als ein Tier. Aber diese Zustände sind es, die der Mensch nicht erlernt, sondern zum Geschenk erhält vom Herrn, und die der Herr bei ihm erhält, und sie sind es, die samt den Glaubenswahrheiten Überreste genannt werden, und allein des Herrn sind."

Ich empfinde dieses Zitat als eine weitere Bestätigung für den Gedanken, dass der Mensch als Kleinkind mehr den himmlischen als den weltlichen Einflüssen ausgesetzt ist. Außerdem empfinde ich es als sehr beruhigend, dass der Herr in seiner grenzenlosen Liebe bereits im Kindesalter die Samen der Unschuld, Liebtätigkeit und Barmherzigkeit im menschlichen Gemüt zum Leben erweckt.

Die Frage, die sich hier nun stellt, ist: „Was geschieht mit dem Menschen, dass er mit zunehmenden Alter diesen himmlischen Zustand einbüßt und sich bisweilen so sehr in der Welt verliert, dass er die Existenz einer geistigen Welt vehement ablehnt?
Weshalb verlässt der Mensch diesen paradiesischen Zustand um sich sozusagen der Hölle zuzuwenden? "

Der wohl wichtigste Grund für das Verlassen des paradiesischen Zustandes ist der, dass der Mensch, um sich zu einem Bewohner des Engelhimmels weiterentwickeln zu können, die Möglichkeit haben muss, seinen freien Willen auszuleben.

Der freie Wille wurde dem Menschen nämlich von Gott gleichzeitig mit dem Leben gegeben und durch diesen erscheint dem Menschen alles, was er tut, als seine eigene Tat. Die Willensfreiheit ist das Vermögen zu denken, zu wollen, zu reden und zu handeln wie aus sich selbst. Sie bezieht sich hauptsächlich auf den Willen, denn der Mensch sagt: Ich kann, was ich will, und ich will, was ich kann, das heißt: Ich bin frei.[126] Durch die von Gott gegebene Willensfreiheit hat der Mensch das Gefühl und die Fähigkeit, wie aus sich zu handeln. Diese Fähigkeit und Freiheit wird ihm niemals entzogen, weil er als Mensch geboren ist, der ewig leben soll.[127]

Diese Sache mit der Willensfreiheit funktioniert allerdings nur, wenn der Mensch das Gefühl hat, dass er aus sich heraus lebt und seine Entscheidungen aus sich heraus fällen kann. Außerdem benötigt er ein Umfeld, wo er gleichzeitig Impulsen aus der geistigen und der natürlichen Welt nachgehen kann. Nur wenn der Mensch sowohl geistigen, also himmlischen Einflüssen als auch sinnlichen, also höllischen Einflüssen ausgesetzt ist, hat er überhaupt die Möglichkeit, seinen freien Willen auszuleben. In der »Erklärten Offenbarung«, Nr. 1148, kann man hierzu lesen:

„Der Mensch lebt in der Mitte zwischen Himmel und Hölle, und von der Hölle fließt der Lustreiz des Bösen und Falschen, vom Himmel der Lustreiz des Guten und Wahren in ihn ein; auch wird er beständig in dem Gefühl und Innewerden des Lebens wie aus sich erhalten, und dadurch auch in der Freiheit, das eine oder das andere (d. h. den guten oder den bösen Lustreiz) zu wählen, und in dem Vermögen, das eine oder das andere aufzunehmen; in dem Maße, als er das Böse und Falsche erwählt, wird er daher aus jener Mitte zur Hölle hingezogen und in dem Maße, als er das Gute und Wahre erwählt, wird er aus jener Mitte zum Himmel hin erhoben."

Damit der Mensch in der Mitte zwischen Himmel und Hölle, also zwischen dem göttlichen Einfluss und der materiellen Sinnenwelt, leben kann, hat es die göttliche Vorsehung so eingerichtet, dass im Laufe der ersten Lebensmonate die Leistungsfähigkeit eines Babygehirns stark zunimmt. Durch die extrem schnelle Zunahme der Synapsen (Nervenzellenverbindungen) kann das Baby mit seinen Sinnesorganen von Monat zu Monat die Umwelt immer besser

---

[126] EO 1138
[127] EO 1148

wahrnehmen und die Fähigkeit, seinen Körper zu beherrschen, macht große Fortschritte.

Von einem kleinen Würmchen, dass nichts anderes möchte, als schlafen und essen, entwickelt sich der Mensch im ersten Lebensjahr zu einem Baby, dass frei sitzen, krabbeln, sich selbst hochziehen und für einen Moment frei stehen und letzten Endes ein paar Schritte alleine gehen kann. Es lernt die Hände zu benutzen, um alles zu untersuchen, was es ergreifen kann. Es lernt seine Bezugspersonen zu erkennen und weint, wenn die Bezugsperson fortgeht, es beginnt ängstlich gegenüber Fremden zu sein und sich an seine Bezugsperson zu klammern. Und es stammelt bereits die ersten Worte.

Etwa ab dem 12. Lebensmonat beginnt durch das rapide Anwachsen der Nervenverbindungen im Gehirn und der damit verbundenen Zunahme an erfahrbaren Sinneseindrücken der Konflikt zwischen dem Einfluss des göttlichen Innewerdens und der natürlichen Welt. Die vom Herrn in das Gemüt des Babys eingepflanzten Triebe des Guten und Wahren sind dergestalt, dass sie bei zunehmendem Einfluss aus der Sinnenwelt in den Hintergrund treten und den Weg für das Streben nach Eigenem freimachen.

Dies macht sich u. a. dadurch bemerkbar, dass das Kleinkind damit beginnt, die Prinzipien der natürlichen Welt im wahrsten Sinne des Wortes zu begreifen. Durch das sinnliche Wahrnehmen von natürlichen Dingen lernt das Baby die Beschaffenheit seiner unmittelbaren Umwelt kennen. Und durch seine Bezugspersonen erlernt es nach und nach die entsprechenden Worte, um den Dingen seiner Umwelt einen Namen geben zu können. Dieser Prozess beginnt mit etwa 18 Monaten, denn von dieser Zeit an beginnen Kleinkinder damit, die erlernten Worte mit dem jeweiligen Sinn zu verbinden.

Parallel zu dem Prozess der sinnlichen Erfassung seiner Umwelt entwickelt sich im Kleinkind langsam das Gefühl einer gewissen Eigenständigkeit. Dies kommt daher, weil alle Informationen, die aus der Sinnenwelt in dem Gedächtnis des Kleinkindes abgelegt werden, in seinem Gemüt Wirkungen hinterlassen, die nicht himmlischer Natur sind. Und weil sich das Himmlische immer zugunsten des Sinnlichen zurückziehen muss, kommt es im Laufe der weiteren Lebensentwicklung dazu, dass die aus der sinnlichen Welt entspringende Selbst- und Weltliebe erwacht. Die Zunahme der Selbst- und Weltliebe führt wiederum dazu, dass immer mehr Böses und Falsches[128] aus der Sinnenwelt in das Gemüt einfließen können und das Innewerden des göttlichen Guten und Wahren zurückdrängt. Was letztendlich dazu führt, dass im erwachsenen Menschen die aus der Sinnenwelt gespeiste Selbst- und Weltliebe, welche dem Eigenen[129] des Menschen entspricht, so dominierend wird, dass er die Existenz einer geistigen Welt vergessen kann.

Man könnte auch sagen, dass das Gemüt des Kindes durch den immer stärker werdenden Einfluss aus der Sinnenwelt eine Veränderung erfährt. Die Erziehungsmaßnahmen der Bezugspersonen, die Intensität der emotionalen Bindung mit den Eltern usw. führen langsam aber sicher dazu, dass das Kind den ursprünglich himmlischen Zustand verlässt und das Eigene zu einem immer bestimmenderen Bestandteil seines Gemüts wird. Spätesten während der Pubertät wird das aus der sinnlichen Erfahrung entspringende Eigene zur bestimmenden Kraft im Leben.

Und weil der Mensch in der Regel weder von seinen Eltern noch von seinen Lehrern etwas von der Existenz einer geistigen Welt erfährt, erscheint ihm nur noch das sinnlich Wahrnehmbare als real. Oder um es mit Swedenborg auszudrücken:

„Die Ursache der Täuschung durch die Sinnenwelt ist die, dass heutzutage die meisten Menschen natürlich und nur wenige geistig

---

[128] Es gibt gar nichts Böses und Falsches, das nicht Eigenes und aus dem Eigenen ist; denn das Eigene des Menschen ist das Böse selbst, daher ist der Mensch nichts als Böses und Falsches. [HG 154]

[129] Das Eigene, oder was dasselbe ist, die Selbst- und Weltliebe. [HG 152]

sind, der natürliche Mensch aber nach den Scheinbarkeiten und den daraus hervorgehenden Täuschungen urteilt."[130]

Ist der Mensch als junger Erwachsener in der sinnlichen "Realität" angekommen, und die Täuschungen der Sinnenwelt haben einen wesentlich höheren Stellenwert als die "Träume" seiner Kindertage, dann hat er den Zustand erreicht, wo er seine von Gott gegebene Willensfreiheit ausleben kann.

Jetzt dringen über die inzwischen voll ausgebildeten fünf Sinne alle möglichen Informationen aus der Außenwelt in das jenseits von Raum und Zeit angesiedelte Gemüt ein. Swedenborg würde wahrscheinlich sagen, dass von der Hölle die Lustreize des Bösen und Falschen in das Gemüt einfließen.

Im Gegenzug fließen das göttliche Wahre und Gute über die in der Kindheit angelegten Seelenkanäle in das Gemüt ein. Swedenborg würde davon sprechen, dass vom Himmel die Lustreize des Guten und Wahren in das Gemüt einfließen.

Mit anderen Worten ausgedrückt, das Gemüt des seiner Kindheit entwachsenen Menschen befindet sich in einem Zustand, der der Mitte zwischen Himmel und Hölle entspricht. In dieser Mitte wird der Mensch vom Herrn in das Gleichgewicht zwischen dem Bösen und Guten und zwischen dem Falschen und Wahren gestellt. Dazu haben sich im Laufe der Zeit eine Unmenge von Neigungen entwickelt, die sich zu himmlischen und höllischen Gesellschaften in dem Gemüt des jungen Erwachsenen zusammengefunden haben.

Diese Zustandsentwicklung von einem unschuldigen und unwissenden Baby bis hin zu einem in der Sinnenwelt angekommenen Menschen, der sich möglicherweise in seinem Eigenen verliert, ist ein ganz normaler vom Herrn vorgesehener Prozess. In seinem Werk »Himmlische Geheimnisse«, schreibt Swedenborg in der Nr 10225:

---

[130] WCR 470

„Der Mensch geht von der ersten Kindheit an bis zum letzten Greisenalter durch mehrere Zustände in Betreff seines Inneren durch, nämlich durch Zustände der Einsicht und Weisheit. Der erste Zustand geht von der Geburt bis zu seinem fünften Lebensjahr; dieser Zustand ist ein Zustand der Unwissenheit und der Unschuld in der Unwissenheit und wird die Kindheit genannt. Der zweite Zustand geht vom fünften Lebensjahr bis zum Zwanzigsten; dieser Zustand ist ein Zustand der Belehrung und des Wissens und wird das Knabenalter genannt. Der dritte Zustand geht vom zwanzigsten Lebensjahr bis zum Sechzigsten, und dieser Zustand ist ein Zustand der Einsicht und wird Jugend, Jünglingsalter und Mannesalter genannt. Der vierte Zustand oder der letzte geht vom sechzigsten Lebensjahr an weiter hinauf, und dieser Zustand ist der Zustand der Weisheit und der Unschuld in der Weisheit.

Dass der erste Zustand ein Zustand der Unwissenheit ist, wie auch der Unschuld in der Unwissenheit, ist klar. Solange dieser Zustand währt, wird das Innere zum Gebrauch gebildet, mithin ist es noch nicht geöffnet, sondern nur das Äußerste, das dem sinnlichen Menschen angehört. Wenn dieses allein offen ist, so ist noch Unwissenheit da; denn alles, was der Mensch versteht und innewird, kommt aus dem Inneren. Hieraus kann man auch erkennen, dass die Unschuld, die alsdann da ist, und die Unschuld der Kindheit genannt wird, eine ganz äußerliche Unschuld ist.

Dass der zweite Zustand ein Zustand der Belehrung und des Wissens ist, ist ebenfalls klar. Dieser Zustand ist noch nicht der Zustand der Einsicht, weil der Knabe alsdann noch nichts aus sich schließt, und noch nicht zwischen Wahrheiten und Wahrheiten unterscheidet, nicht einmal zwischen Wahrem und Falschem, von sich aus, sondern aus anderen. Er denkt und redet nur Gedächtnissachen, somit aus bloßem Wissen, und sieht nicht und wird nicht selbst inne, ob etwas so sei, sondern er glaubt eben seinem Lehrer, mithin, weil ein anderer so gesagt hat.

Der dritte Zustand aber wird der Zustand der Einsicht genannt, weil der Mensch alsdann von sich aus denkt, urteilt und schließt; und was er dann erschließt, ist sein, und nicht eines anderen. In dieser Zeit fängt der Glaube an, denn der Glaube ist kein Glaube des Menschen selbst, ehe dieser durch die Vorstellungen des eigenen Denkens begründet, was er glaubt. Vorher ist der Glaube nicht sein, sondern eines anderen in ihm, denn er hat der Person geglaubt, nicht der Sache. Hieraus kann erhellen, dass der Zustand der Einsicht beim Menschen dann anfängt, wenn er nicht aus dem Lehrer, sondern aus sich denkt; und das geschieht nicht eher, als bis sein Inneres gegen den Himmel zu geöffnet wird. Man merke, dass das Äußere beim Menschen in der Welt ist, und das Innere im Himmel, und dass der Mensch nur so viel Einsicht und Weisheit hat, als Licht aus dem Himmel in das einfließt, was er aus der Welt hat; und dies geschieht in dem Maß und in der Art, wie sein Inneres geöffnet ist; und dieses wird in dem Maß geöffnet, als der Mensch für den Himmel lebt, und nicht für die Welt.

Der letzte Zustand aber ist ein Zustand der Weisheit und der Unschuld in der Weisheit. Dieser ist vorhanden, wenn der Mensch nicht mehr sich bestrebt, Wahres und Gutes zu verstehen, sondern es zu wollen und es zu leben; denn das heißt weise sein. Und der Mensch kann insoweit das Wahre und Gute wollen und im Leben üben, als er in der Unschuld ist, d. h., als er glaubt, dass er nicht aus sich weise ist, sondern alle Weisheit dem Herrn verdankt. Ferner insoweit, als er es liebt, dass es so ist. Daher kommt es, dass dieser Zustand auch ein Zustand der Unschuld in der Weisheit ist.

Aus der Aufeinanderfolge dieser Zustände kann der Mensch, der weise ist, auch die Wunder der göttlichen Vorsehung erkennen, die sich darin zeigen, dass der vorhergehende Zustand immer die Grundlage der folgenden bildet, und dass die Öffnung oder Aufschließung des Inneren vom Äußeren bis zum Innersten nach und nach vor sich geht; und zuletzt so, dass das, was das Erste war, aber im Äußersten, dann auch das Letzte ist, aber im Innersten, nämlich die Unwissenheit und die Unschuld; denn wer da weiß, dass er von sich aus gar nichts weiß, und dass alles, was er weiß, vom Herrn ist, der ist in der Unwissenheit der Weisheit, und auch in der Unschuld der Weisheit."

Damit diese im menschlichen Gemüt angelegten Zustandsveränderungen chronologisch voranschreiten können, muss der Mensch in der Willensfreiheit leben. Wie bereits oben erwähnt berichtet Swedenborg davon, dass zur Erhaltung der Willensfreiheit bei jedem Menschen zwei Geister aus der Hölle und zwei Engel aus dem Himmel sind. So kann man z. B. in dem Werk »Himmlische Geheimnisse«, Nr. 5470, lesen:

„... es sind bei einem jeden Menschen zwei Geister von der Hölle und zwei Engel aus dem Himmel, denn der Mensch, weil in Sünden geboren, kann gar nicht leben, wenn er nicht einerseits in Verbindung steht mit der Hölle und andererseits mit dem Himmel; sein ganzes Leben kommt von daher.
Wenn der Mensch ins jugendliche Alter kommt und sich aus sich selber zu regieren anfängt, d. h., wenn er einen eigenen Willen haben und nach eigenem Urteil handeln und über Glaubenssachen aus eigenem Verständnis denken und schließen zu können meint, dann nahen sich, falls er sich zu Bösem wendet, die zwei Geister der Hölle, und die zwei Engel aus dem Himmel entfernen sich ein wenig. Wenn er aber zum Guten sich wendet, nahen die zwei Engel aus dem Himmel, und die zwei Geister aus der Hölle entfernen sich."

Auch bei diesem Zitat stellt sich wieder die Frage: „Woher kamen am Anfang der Menschheitsgeschichte die zur Willensfreiheit notwendigen Engel und Höllengeister her?" Leider habe ich bei Swedenborg keine direkte Antwort gefunden, von daher werde ich versuchen, meine persönliche Sichtweise dieser Problematik darzulegen.

Als Erstes möchte ich kurz in Erinnerung rufen, dass für Swedenborg die Begriffe Himmel und Hölle keine Orts-, sondern Zustandsbeschreibungen sind. So heißt es z. B. in dem Werk »Himmel und Hölle«, Nummer 422:

„Der Zustand des Himmels bei dem Menschen ist die Verbindung des Guten und Wahren bei ihm, und der Zustand der Hölle ist die Verbindung des Bösen und Falschen bei ihm."

Der Himmel bezeichnet also einen Zustand, bei dem im Gemüt des Menschen die göttliche Liebe und Weisheit und somit der Herr die vorherrschenden Kräfte sind. Die Hölle hingegen bezeichnet einen Zustand, wo im Gemüt des Menschen die Selbstliebe und die eigene Einsicht die vorherrschenden Kräfte sind.

Wenn also in den Werken Swedenborgs davon die Rede ist, dass der Mensch, nachdem er verstorben ist, in die Geisterwelt[131] übergeht, dann ist damit kein Ort, sondern ein Zustand gemeint. Ein Zustand, in dem der Geistmensch lernt zu denken, was er will und zu wollen, was er denkt.[132] Erst wenn sein Inneres mit seinem vorgebildeten Äußeren übereinstimmt, kann er seiner Liebe gemäß in einen himmlischen oder höllischen Zustand entlassen werden.

So gesehen sind Himmel und Hölle Begriffe, die etwas über die Neigungen und Begierden eines Menschen aussagen. Hat er Neigungen zum Guten, also zum Herrn, dann wird wohl in seinem Gemüt eher ein himmlischer Zustand vorherrschen. Hat der Mensch hingegen Begierden zum Bösen, also zur Selbst- und Weltliebe,

---

[131] Es werden hier alle diejenigen bezeichnet, die aus der Welt gegangen oder von der Erde abgeschieden waren, und sich nun in der Geisterwelt befanden. Es wird gesagt: In der Geisterwelt, weil in diese alle nach ihrem Hinscheiden zuerst kommen, und hier die Guten zum Himmel und die Bösen zur Hölle vorbereitet werden. [EO 1276]

[132] Das Gute und das Wahre sind, wenn bei dem Engel und dem Menschen verbunden, nicht zwei, sondern eines, weil alsdann das Gute dem Wahren, und das Wahre dem Guten angehört; mit dieser Verbindung verhält es sich, wie wenn der Mensch denkt was er will, und will, was er denkt, alsdann machen der Gedanke und der Wille eines aus, ja ein Gemüt; denn der Gedanke bildet oder stellt in einer Gestalt dar, was der Wille will, und der Wille macht es zur Lust [jucundat id]; daher kommt auch, dass im Himmel zwei Ehegatten nicht zwei, sondern ein Engel heißen. [»HuH« 372]

dann wird in seinem Gemüt eher ein höllischer Zustand vorherrschen. Bei Emanuel Swedenborg kann man hierzu in der »Göttlichen Vorsehung« Folgendes lesen:

„Es wird gesagt, im Himmel seien Neigungen des Guten und Gedanken des Wahren aus diesen, und in der Hölle Begierden des Bösen und Einbildungen des Falschen aus diesen, und darunter wird verstanden, dass es Geister und Engel seien, welche so beschaffen sind. Jeder ist seine Neigung oder seine Begierde: der Engel des Himmels seine Neigung und der Geist der Hölle seine Begierde.

Die Engel sind Neigungen des Guten und Gedanken des Wahren hieraus, weil sie Aufnehmer der Göttlichen Liebe und Weisheit des Herrn sind. Und zwar sind alle Neigungen des Guten aus der Göttlichen Liebe und alle Gedanken des Wahren aus der göttlichen Weisheit. Die Geister der Hölle dagegen sind Begierden des Bösen und die hieraus hervorgehenden Einbildungen des Falschen, weil sie in Selbstliebe und in eigener Einsicht sind; und zwar sind alle Begierden des Bösen aus der Selbstliebe und die Einbildungen des Falschen aus der eigenen Einsicht.“[133]

Engel sind also Neigungen des Guten und Gedanken des Wahren, während Höllengeister Begierden des Bösen und die hieraus hervorgehenden Einbildungen des Falschen sind. Dies bestätigt meines Erachtens den Gedanken, dass die Begriffe Engel und Geister eine Doppelbedeutung haben können. Zum einen bezeichnen sie den aktuellen Lebenszustand von verstorbenen Menschen, die in der jenseitigen Welt den Zustand der Geisterwelt durchlebt haben und nun in einem himmlischen oder höllischen Zustand sind. Zum anderen bezeichnen sie Zustände in den unterschiedlichen Ebenen des menschlichen Gemüts.

Durch Swedenborg kann man wissen, dass sowohl der Verstand als auch der Wille in unzählbar viele Einzelgedanken und Einzelgefüh-

---

[133] GV 300-301

le aufgeteilt sind. Es gibt im Menschen so viele Bereiche bzw. Abteilungen des Verständigen und so viele des Willigen, dass die Gedanken und Gefühle nie nach den Hauptgattungen, geschweige denn nach den Arten ausgedrückt oder aufgezählt werden können. Der Geistmensch ist wie ein kleinster Himmel, welcher der Geisterwelt und dem Himmel entspricht, wo alle Gattungen und alle Arten des Verständigen und Willigen aus dem Herrn so höchst geordnet unterschieden sind, dass es nichts gibt, das nicht unterschieden wäre. Im Himmel werden jene Bereiche bzw. Abteilungen Gesellschaften genannt.[134]

Dass diese Gesellschaften etwas mit unserem Denken zu tun haben wird uns durch Swedenborg bestätigt, wenn er schreibt:

„Solange der Mensch lebt, verändern sich die Vorstellungen seines Denkens, sie werden nämlich teils vermehrt, teils geteilt, und so zu verschiedenen und neuen Gesellschaften gleichsam ausgedehnt: bei denen, die im Bösen sind, zu höllischen Gesellschaften, ebenso bei denen, die in Beredungen des Falschen sind. Dagegen bei denen, die wiedergeboren werden, verbreiten sich die Gedanken und Neigungen beständig in neue himmlische Gesellschaften, und die Ausdehnung nimmt zu. Auch werden die früheren Gedanken und Neigungen geteilt, und die geteilten mit den Vorstellungen vereinigt, die wiederum mit neuen Gesellschaften in Verbindung stehen."[135]

Ich finde, dass man bei diesem Zitat förmlich spürt, wie Swedenborg versucht, mit den Begriffen seiner Zeit innermenschliche Vorgänge so in Worte zu fassen, dass sie der damalige Leser verstehen konnte. Für den heutigen Leser ist es natürlich nicht wirklich einfach, die von Immanuel Tafel[136] übersetzten Texte so zu erfassen,

---

[134] HG 644
[135] HG 6610
[136] **Johann Friedrich Immanuel Tafel** (* 17. Februar 1796 in Sulzbach am Kocher; † 29. August 1863 in Bad Ragaz, Schweiz) war evangelischer Theologe und Übersetzer vieler Swedenborgwerke.

wie sie von Swedenborg gedacht waren. Zumal viele der vor 150 Jahren vom Übersetzer verwendeten Worte heute eine ganz andere Bedeutung haben.

Dennoch kann man bei diesem Zitat geradezu spüren, wie Swedenborg seinen Lesern vermitteln will, dass Lernen und persönliche Weiterentwicklung etwas mit ständiger Informationsaufnahme und deren Verarbeitung zu tun haben.

In Abhängigkeit davon, welche Begegnungen wir gerade haben oder über was wir gerade nachdenken, verändert sich unser Bewusstseinszustand. Lesen wir z. B. im Swedenborgwerk etwas völlig Neues, etwas, von dem wir vorher noch nie gehört haben, dann hat dies nicht selten zur Folge, dass wir unser bisheriges Weltbild neu ordnen müssen. Es kann passieren, dass wir etwas völlig Unbekanntes lesen, etwas, was uns sosehr fasziniert, dass wir uns genötigt sehen, einen ganz neuen Bereich in unserem Gedächtnis anzulegen. Swedenborg würde wahrscheinlich sagen, dass wir in unserem Gemüt eine neue Gesellschaft gegründet haben.

Es kann aber auch geschehen, dass wir unsere bisherige Meinung zu einer bestimmten Glaubenserkenntnis revidieren müssen, weil wir erkannt haben, dass wir bestimmte Teilaspekte falsch bewertet haben. Als Beispiel könnte man hierfür die Trinitätslehre nehmen. Da hat sich jemand jahrelang mit dem im falschen begründeten Gedanken getragen, dass Vater, Sohn und Heiliger Geist drei unabhängige Götter sind. Für jeden dieser Götter hat sich in seinem Gedächtnis ein eigenständiger Bereich mit vielen einzelnen Gedanken gebildet. Diese zu einer Gesellschaft verbundenen Einzelgedanken und Ideen müssen nun, wo die Wahrheit aus dem Swedenborgstudium erkannt wurde, zum Teil umgewandelt und zum Teil aufgelöst werden.

Aus diesem Blickwinkel gesehen finde ich es gut nachvollziehbar, dass jemand, der sich in der Eigenliebe verloren hat, eher dazu neigen wird, die höllischen Gesellschaften in seinem Gemüt zu stärken und die Himmlischen zu schwächen. Im Gegensatz dazu wird jemand, der Gott über alles und seinen Nächsten wie sich selbst liebt, eher die himmlischen Gesellschaften in seinem Gemüt stärken und die höllischen fliehen.

Wenn man den Gedanken weiter verfolgt, dass Swedenborg die Begriffe Gesellschaften, Engel und Geister auch zur Beschreibung von Neigungen verwendet hat, dann beantwortet sich die Frage: Wer waren die Engel und Geister welche bei den ersten von Gott erschaffenen Menschen waren, fast von selbst.

Nach meinem Schöpfungsverständnis wurde den ersten Menschen, genauso wie es bei den heutigen Menschen der Fall ist, von Gott das Leben und der freie Wille geschenkt. Und weil bereits das erste Menschenpaar dazu erkoren war, Bewohner des Engelhimmels aus dem Menschengeschlecht zu werden, musste auch ihr Wille durch den Einfluss des göttlichen Lebens und den Eindrücken aus der Sinnenwelt in der Entscheidungsfreiheit gehalten werden.

Da aber in jener Zeit noch kein Mensch verstorben war, konnte es auch keine Engel und Geister geben, die sich um die ersten Menschen scharen konnten, um in ihre Gemüter einzufließen. Und wenn es keine Engel und Teufel gab, und die Gemüter der ersten Menschen dennoch in dem Spannungsfeld von Himmel und Hölle gehalten werden mussten, ist es nach meinem Empfinden klar, dass Swedenborg die Begriffe "Engel und Geister" als ein Entsprechungsbild für innerseelische Vorgänge verwendet hat.

Von daher kann man im Zusammenhang mit der Willensfreiheit den Begriff "Engel" als ein Entsprechungsbild für den Einfluss des Göttlich Guten und Wahren in den Geistmenschen betrachten. Während der Begriff "Geister" den aus der Sinnenwelt entspringenden Einfluss des Bösen und Falschen entspricht. Oder anders ausgedrückt, die Aussage Swedenborgs, dass ständig Engel und Geister in den Menschen einfließen, sind eine Entsprechung für die göttlichen und natürlichen Einflüsse in das Gemüt des Menschen.

Diese ständigen Einflüsse aus der Sinnenwelt und aus der geistigen Welt in das Gemüt sind es, durch die es den Menschen zu allen Zeiten möglich war, ihren von Gott eingepflanzten freien Willen auszuleben.

Wenn Engel und Geister im Zusammenhang mit der Willensfreiheit eine Entsprechung für den Einfluss von göttlichen und sinnlichen Informationen in das Gemüt des Menschen sind, dann wird es auch verständlich, warum Swedenborg schrieb, dass immer zwei Engel und zwei Geister einfließen. Denn das Gemüt setzt sich ja bekanntlich aus dem Willen und dem Verstand zusammen. Und die dem Willen angehörige Liebe nimmt die Signale aus der Sinnen- und Geisterwelt ganz anders auf als der Verstand. Bei Swedenborg hört sich das in seinem Werk »Verkehr zwischen Seele und Körper« wie folgt an:[137]

„Es ist oben gezeigt worden, dass bei einem jeden Menschen zwei Geister aus der Hölle und zwei Engel aus dem Himmel sind, welche bewirken, dass nach beiden Seiten hin eine Verbindung stattfindet, und auch, dass der Mensch in Freiheit ist. Dass es zwei sind, hat seinen Grund darin, dass es zwei Arten von Geistern in der Hölle gibt und zwei Arten von Engeln im Himmel, denen die zwei Vermögen im Menschen entsprechen, nämlich das Willens- und das Verstandesvermögen.

Die erste Art der Geister (Geister genannt) wirken auf das Verstandesgebiet ein; die von der anderen Art (Genien genannt) wirken auf das Willensgebiet ein. Sie sind sehr verschieden voneinander, denn diejenigen, die Geister genannt werden, flößen Falsches ein; sie vernünfteln gegen das Wahre und befinden sich im Lustreiz ihres Lebens, wenn sie machen können, dass das Wahre wie Falsches erscheint und das Falsche wie Wahres. Diejenigen aber, die Genien genannt werden, flößen Böses ein; sie wirken auf die Neigungen und Begierden des Menschen, und spüren augenblicklich, was der

---

[137] Der Einfluss der Engel und Geister auf den Menschen Nr. 21 u. 22

Mensch wünscht; wenn es Gutes ist, so wenden sie es auf das Geschickteste zum Bösen; sie sind im Lustreiz ihres Lebens, wenn sie bewirken können, dass das Gute wie Böses empfunden wird, und das Böse wie Gutes.

Dass je zwei Engel bei einem jeden Menschen sind, kommt daher, weil es auch von ihnen zwei Arten gibt; eine, die auf das Willensgebiet, und eine, die auf das Verstandesgebiet des Menschen einwirkt. Diejenigen, die auf das Willensgebiet des Menschen einwirken, haben Einfluss auf seine Neigungen und Zwecke, folglich auf sein Gutes; die aber, die auf sein Verstandesgebiet einwirken, beeinflussen seinen Glauben und seine Grundsätze, folglich sein Wahres; auch sie sind unter sich höchst verschieden; diejenigen, die auf das Willensgebiet des Menschen einwirken, werden Himmlische genannt, und diejenigen, die auf sein Verstandesgebiet, Geistige; den Himmlischen sind die Genien und den Geistigen die Geister entgegengesetzt."

Wie so oft bei Swedenborgtexten wird man auch bei diesem Zitat sehr leicht dazu verführt, dem buchstäblichen Textverständnis zu folgen und dabei die tieferen Textebenen zu übersehen. Wenn man aber bei den Begriffen Engel und Geister an Einflüsse in Neigungen des menschlichen Gemüts denkt, dann bestätigt dieses Zitat meine oben aufgestellte These, dass die Einflüsse aus der sinnen- bzw. geistigen Welt auf zwei unterschiedliche Ebenen in das Gemüt einwirken. Wobei auf den Willen alle Reize einwirken, die irgendetwas mit den Neigungen und der Liebe des Menschen zu tun haben, während auf den Verstand alle Reize einwirken, die etwas mit dem Wahren und der Weisheit zu tun haben.

Die über die fünf Sinne aufgenommenen Reize aus der natürlichen Welt sind meist dergestalt, dass sie unsere Eigenliebe und unsere im Falschen begründeten Wahrheiten ansprechen. So wollen uns die Geister der Sinnenwelt z. B. einreden, dass der Mensch vom Affen abstammt und es von daher geradezu peinlich ist, an einen Gott jenseits der sinnlichen Erfahrung zu glauben. Und die Genien der Sinnenwelt sind es, die uns einreden wollen, dass es für uns gut ist, wenn wir uns in der Kunst üben, ein Egoist zu sein.

Die Reize aus der geistigen Welt nimmt der Mensch über zwei Kanäle auf. Da ist zum einen die Seele, über die aus der geistigen Sonne das göttliche Gute und Wahre in die tieferen Schichten des Gemüts einfließen. Ich erinnere in diesem Zusammenhang an die Kleinkinder, welche sich noch in einem himmlischen Zustand befinden. Aus diesen tieferen Gemütsbereichen wird u. a. auch das Gewissen gespeist.

Zum anderen nimmt der Mensch die himmlischen Reize auch über seine fünf Sinne auf. Die göttliche Vorsehung hat es nämlich so eingerichtet, dass der Mensch immer wieder in Situationen gerät, aus denen er himmlische Wahrheiten aufnehmen kann. So können die Kräfte, welche durch die geistigen Engel symbolisiert werden, auf die Weisheit des Menschen in der Form von z. B. guten Büchern, geistigen Gesprächen oder einer informativen Fernsehdokumentation einwirken. Durch diese Art von Informationen können sich der Glaube und die aus ihm resultierenden Grundsätze des Menschen verändern und so ein wenig das Falsche der Sinnenwelt zurückdrängen.

Die durch himmlische Engel symbolisierten Kräfte wirken über die göttliche Vorsehung auf die Neigungen des Menschen ein. Dabei werden dem Menschen immer wieder Gelegenheiten geschenkt, wo er sich in uneigennütziger Liebe üben kann. Tut er dies, so wird sich zunächst sein natürlich Gutes entwickeln und in dem Maße, wie der geistige Engel den Verstand des Menschen zur Aufnahme von himmlischen Wahrheiten inspirieren kann, wird sich aus der natürlichen Liebe eine wahrhaftige Nächsten- und Gottesliebe entwickeln.

Die Voraussetzung dafür ist aber die, dass die durch den geistigen Engel symbolisierten Wahrheiten im Menschen zur Wirkung gelangen können. Denn nur durch die Wahrheit, wie man sie z. B. in der Heiligen Schrift lesen kann, erfährt der Mensch etwas von einem lebendigen Gott, der sich nichts sehnlicher wünscht, als dass der Mensch eine innige Beziehung mit Ihm eingeht.

Durch die Auseinandersetzung mit der Bibel, den Werken Swedenborgs und vielen anderen Informationsträgern kann sich der Verstand mit der Tatsache anfreunden, dass Gott vor ca. 2000 Jahren in Jesus Christus Mensch geworden ist. Und wer dies für sich annehmen kann, der wird sicherlich nach den Wahrheiten suchen, wie man sie nur durch den Herrn erfahren kann. Die Folge davon ist, dass die aus der Sinnenwelt gewonnenen Wahrheiten langsam, aber sicher in himmlische Wahrheiten umgewandelt werden.

Diese himmlischen Wahrheiten wiederum ermöglichen es dem Verstand, die notwendige Weisheit zu erlangen, um den weltzugewandten Willen umbilden zu können. Befindet sich der weltzugewandte Wille erst einmal in diesem Umbildungsprozess, dann eröffnen sich für den geistigen Engel Möglichkeiten, den Menschen auf seinem Weg zur Wiedergeburt zu begleiten.

Doch leider gibt es bei diesem zur Wiedergeburt führenden Umwandlungsprozess ein kleines Problem. Es wirken eben nicht nur die durch Engel symbolisierten Kräfte, sondern auch die Geister und Genien der Sinnenwelt auf das menschliche Gemüt ein.

Es ist nun einmal so, dass sich jeder Mensch auf dieser Erde in dem Spannungsfeld zweier Welten befindet. Ständig wird er während seines Wachzustandes mit Reizen aus der Sinnenwelt überflutet und die göttliche Vorsehung hat mächtig zu tun, um auf den Verstand und die Neigungen des Menschen einzuwirken. Im Schlafzustand fällt es den Engeln sicherlich etwas leichter, auf den von der Sinnenwelt beurlaubten Geistmenschen einzuwirken. Aber kaum ist der Mensch erwacht, sind die Erinnerungen an die Träume sehr schnell verflogen und der Kampf zwischen der sinnlichen Realität und den geistigen Einflüssen geht unvermindert weiter.

Unsere Engel der himmlischen Einflüsse und die Geister der sinnlichen Einflüsse stehen seit unserer Jugend in einem beständigen Kampf miteinander. Dieser zur Erreichung der Gotteskindschaft notwendige Kampf dauert solange an, bis der Mensch wiedergeboren ist.

In Abhängigkeit von dem jeweiligen Entwicklungszustand des Gemüts unterscheidet Swedenborg in seinem Werk »Himmlische Geheimnisse«[138] drei verschiedene Arten von Kämpfen.

1. Die Kämpfe des natürlichen Menschen:

Da der natürliche bzw. sinnenorientierte Mensch kein anderes Wahres und Gutes anerkennt, als das, was Sache des Leibes und der Welt ist, zielt sein Lebenssinn lediglich auf das Leben des Leibes und der Welt hin. Er weiß nicht, was das ewige Leben und was der Herr ist. Und wenn er es weiß, so glaubt er es nicht.
Wenn der natürliche Mensch gegen die Geister der sinnlichen Einflüsse kämpft, unterliegt er fast immer; und wenn er in keinem Kampf ist, so herrscht bei ihm Böses und Falsches vor. Seine Bande sind äußerer Natur, wie z. B.: Furcht vor dem Gesetz, vor dem Verlust des Lebens, des Vermögens, des Erwerbs, des guten Namens und dergleichen.

2. Die Kämpfe beim geistigen Menschen:

Der geistige Mensch erkennt das geistige und himmlische Wahre und Gute an, aber nicht aus der Liebe, sondern aus dem Glauben heraus. Und weil er aus dem Glauben heraus handelt, zielt sein Lebenssinn auf das ewige Leben und auf den Herrn hin.
Der geistige Mensch ist auch im Kampf, aber er überwindet immer. Die Bande, von denen er bestimmt wird, sind innerer Natur und werden genannt Bande des Gewissens.

---

[138] Aus HG 81 extrahiert

3. Die Kämpfe des himmlischen Menschen:

Der himmlische Mensch glaubt und vernimmt das geistige und himmlische Wahre und Gute und erkennt keinen anderen Glauben an, als den aus der Liebe, aus welcher er auch handelt. Von daher zielt sein Lebenssinn auf den Herrn, dessen Reich und das ewige Leben.

Der himmlische Mensch muss nicht kämpfen, wenn ihn Böses und Falsches angreifen. Äußerlich betrachtet ist er frei und wird von keiner Bande zurückgehalten. Seine nicht sichtbaren innerlichen Bande jedoch sind die Vorstellungen des Wahren und Guten.

Ich denke, diese Gedanken Swedenborgs machen deutlich, dass es in unserem Erdenleben einen beständigen Kampf zwischen unseren Engeln und Geistern gibt. Die Geister und Genien der Sinnenwelt wollen uns mit aller Gewalt auf ihre Seite ziehen, damit wir auch ja nicht aus dem Sumpf der Weltfreuden entfliehen. Die Engel der himmlischen Einflüsse hingegen versuchen alles, was in ihrer Macht steht, um den Menschen von der Eigen- und Weltliebe weg-zuführen. Doch aufgrund der von Gott gegebenen Willensfreiheit bleibt den Engeln meist nur die Möglichkeit, das Schlimmste zu verhindern.

Erst wenn wir uns freiwillig von den Geistern der Welt abwenden und dem Engel der himmlischen Wahrheiten die Möglichkeit eröff-nen, sein segenbringendes Wirken auszuüben, kann der Herr in uns alles für die geistige Wiedergeburt vorbereiten. Hat Er uns dann in den Zustand der geistigen Wiedergeburt erhoben, lässt die Intensität des Kampfes nach. Die Reize der Sinnenwelt verlieren sosehr an Attraktivität, dass der durch den geistigen Engel gestärkte Wille des Menschen bei dem Kampf gegen die Geister der irdischen Gelüste immer als Sieger hervorgeht. Es wird zwar immer noch im Gemüt gekämpft, aber es macht schon einen Unterschied, ob man dabei als Sieger oder ewiger Verlierer hervorgeht.

Der vom Herrn in den Zustand der himmlischen Wiedergeburt erhobene Mensch muss nicht mehr gegen die Anfechtungen der Sinnenwelt kämpfen. Er ist sosehr in Liebe mit dem Herrn verbunden, dass man von einem himmlischen Paar reden kann. Wobei der Herr der Bräutigam und der Mensch die Braut ist.[139]

Bei dem himmlischen Menschen prallt das Böse und Falsche aus der Sinnenwelt am Schutzschild der uneingeschränkten Liebe zu Gott ab. Er ist sosehr von dem göttlichen Wahren und Guten durchdrungen, dass das Falsche und Böse der Sinnenwelt zwar noch registriert wird, aber nicht mehr in tiefere Gemütsschichten eindringen kann. Oder um es mit Swedenborg auszudrücken, beim himmlischen Menschen werden von den Engeln die höllischen Geister permanent in ihre Schranken verwiesen und können so dem Menschen nichts mehr anhaben.

In der Regel schafft es der Mensch nicht, diesen himmlischen Zustand während seiner irdischen Lebenszeit zu erreichen. Die meisten Menschen werden wohl eher ihr Erdenleben im ersten Zustand beenden, bei dem Kampf, Not und Leid ständige Begleiter sind.

Doch der Kampf ist nun mal ein Attribut der Willensfreiheit. Und der freie Wille ist es, durch den sich der Mensch dem Ziel nähern kann, dass von Gott für ihn vorgesehen wurde. Dieses Ziel oder den Endzweck der Schöpfung kann jeder Mensch dank der Einflüsse aus der Sinnenwelt erreichen. Und dieser Endzweck besteht laut Swedenborg aus einem Engelhimmel aus dem Menschengeschlecht.

In seinem unvollständig hinterlassenen Werk »Die Hauptlehren der neuen Kirche« (I, 6-8) schrieb Swedenborg dazu:

„Gott hat das Weltall aus der göttlichen Liebe durch die göttliche Weisheit erschaffen, oder, was das gleiche ist, aus dem göttlich Guten durch das göttlich Wahre. Sein Endzweck bei Erschaffung des

---

[139] Matth 9,15; Mark 2,19.20; Luk 5,35

Weltalls war ein Engelhimmel aus dem menschlichen Geschlecht; und folglich die Mitteilung Seiner Liebe und Seiner Weisheit an die Menschen und Engel und die Verbindung mit denselben, wodurch ihnen in Ewigkeit Wonne und Seligkeit zuteilwird."

Nur weil der Mensch im Spannungsfeld zweier Welten stehen darf, kann die göttliche Vorsehung alles so führen und leiten, dass ihm dereinst die ewige Wonne und Seligkeit zuteilwerden kann. Es liegt nur an uns, wie lange wir uns in den Scheinbarkeiten der Sinnenwelt verlieren und die höllischen Geister ungehindert ihre bösen Spielchen mit uns treiben. Der Herr jedenfalls steht allzeit bereit, eine innige Beziehung mit uns einzugehen, damit wir als Seine Braut über die Anfechtungen der Welt als ewiger Sieger hervorgehen können.

Zum Abschluss meiner Ausführungen möchte ich noch kurz auf die Frage eingehen, inwieweit wir in unserem Alltag von Geistern beeinflusst werden. Sei es in der Form von Besessenheit oder sei es in der Form von Einflüsterungen dieses oder jenes zu kaufen oder zu tun.

Zu dem Thema Besessenheit habe ich in den »Himmlischen Geheimnissen« folgendes Zitat gefunden:

„Die Geister, die beim Menschen sind, wissen nicht, dass sie beim Menschen sind. Dies wissen allein die Engel vom Herrn, denn sie sind der Seele oder dem Geist desselben, nicht aber seinem Leibe beigesellt. Denn dasjenige, was aus den Gedanken zur Rede, und vom Willen zu Handlungen im Körper bestimmt wird, geht kraft des allgemeinen Einflusses gemäß den Entsprechungen mit dem größten Menschen der Ordnung gemäß in die Handlung über; deshalb haben die Geister, die beim Menschen sind, nichts damit zu schaffen; somit reden sie nicht durch des Menschen Zunge (das wäre Besessenheit), auch sehen sie nicht durch seine Augen, was in der Welt ist, auch hören sie nicht durch seine Ohren, was daselbst vorgeht. Anders bei mir: Denn der Herr hat mein Inneres geöffnet, damit ich sehen könnte, was im anderen Leben ist; daher wussten auch die Geister, dass ich ein Mensch im Leibe sei, und es wurde ihnen die Fähigkeit gegeben, durch meine Augen zu sehen, was in der Welt war, und diejenigen zu hören, die mit mir im geselligen Umgang redeten."[140]

Hier spricht sich Swedenborg sehr deutlich gegen eine Besessenheit des Menschen durch verstorbene Menschen aus. Verstorbenen ist es weder möglich, die natürlichen Sinnesorgane des Menschen noch seinen Leib zu benutzen. Wenn z. B. in der Bibel davon die Rede ist, dass der Herr Dämonen und Geister ausgetrieben hat, von denen damals viele besessen waren, dann sind damit keine verstorbenen Menschen gemeint. In der »Erklärten Offenbarung« kann man hierzu lesen: „Durch die vom Herrn ausgetriebenen Dämonen, von denen damals viele besessen waren, werden allerlei Falschheiten bezeichnet, von denen die Kirche angefochten war und von denen sie vom Herrn befreit wurde, z. B. Matth. 8/16,28; 9/32,33; 10/8; 12/22; 15/22; Mark.1/32-34; Luk.4/33- 38,41; 8/2,26- 40; 9/1,37- 44, 49,50; 13/32 und anderwärts."[141]

Und in den »Himmlischen Geheimnissen« heißt es:

„Heutzutage gibt es keine äußeren Besitznahmen (Besessenheiten) wie ehemals, sondern innere. Die, welche kein Gewissen haben, sind so besessen. Das Inwendige ihrer Gedanken ist in einer nicht unähnlichen Weise wahnsinnig, aber es wird verborgen und verhüllt durch äußeren Anstand und erheuchelte Sittlichkeit, um ihrer Ehre, ihres Erwerbes, ihres Rufes willen. Dies kann ihnen, wenn sie auf ihre Gedanken achtgeben, auch bekannt sein."[142]

So wie ich das sehe, lehnt Swedenborg eine äußere von verstorbenen Menschen ausgeübte Besessenheit ab. Eine innere von Neigun-

---

[140] HG 5862
[141] EO 587
[142] HG 1983

gen und Begierden ausgeübte Besessenheiten hingegen kennt er schon. Hierzu ein Zitat aus »Himmel und Hölle«:

„Das Inwendige, das Gebiet der Gedanken und Neigungen derer, die sich selbst über alles lieben, ist auf sie selbst und die Welt gerichtet, somit von dem Herrn und dem Himmel abgewendet. Von daher kommt, dass sie von allen Arten des Bösen besessen sind und das Göttliche nicht einfließen kann, weil es alsbald, wie es einfließt, in die Gedanken an sich selbst versenkt und verunreinigt und auch dem bösen, das aus ihrem Eigenen ist, eingegossen wird. Von daher kommt es, dass jene im andern Leben vom Herrn weg und auf jenen stockfinsteren Körper hinsehen, der dort an der Stelle der Weltsonne ist und der Sonne des Himmels, welche der Herr ist, schnurstracks entgegensteht; Wirklich bezeichnet auch die dichte Finsternis das Böse und die Weltsonne die Liebe zu sich.“[143]

Mit anderen Worten will Swedenborg hier zum Ausdruck bringen, dass die Besessenheit der heutigen Menschen aus den weltzugewandten Gesellschaften des eigenen Gemüts herrühren. Es sind die dort angesiedelten Gedanken und Neigungen, die bei den entsprechenden Reizen aus der Sinnenwelt verhindern, dass die Engel der göttlichen Wahrheiten zum Zuge kommen. Nicht die Geister von verstorbenen Menschen bewegen uns dazu ein besseres Auto als der Nachbar haben zu müssen. Es sind vielmehr die Geister, welche aus unseren zu Gesellschaften versammelten Neigungen zur Geltungssucht und zum Hochmut entspringen. Die Geister unserer Eigenliebe wollen es nicht zulassen, dass das Göttliche in uns einfließt.

Bei Swedenborg kann man lesen, dass es die Geister der Eigenliebe hauptsächlich darauf absehen, alle inneren Bande zu lösen, welche sind die Neigungen zum Guten und Wahren, Gerechten und Billigen, die Furcht vor dem göttlichen Gesetz, die Scheu, der Gesellschaft und dem Vaterland zu schaden. Sind diese inwendigen Bande erst einmal gelöst, dann wird der Mensch von diesen Geistern be-

---

[143] »HuH« 561

sessen. Wenn sie sich aber auf solche Weise durch große Anstrengung nicht in das Inwendigere eindrängen können, so versuchen sie es durch magische Künste[144], deren es mehrere im anderen Leben gibt, die in der Welt ganz unbekannt sind. Durch diese verkehren sie das Wisstümliche beim Menschen und wenden nur das an, was ihren schnöden Begierden günstig ist. Solche Besitzungen können nur vermieden werden, wenn der Mensch in der Neigung zum Guten ist und dadurch im Glauben an den Herrn ist.[145]

Die Geister der Eigenliebe haben gar kein Interesse daran, dass sich der Mensch göttliche Wahrheiten zu eigen macht. Sie unternehmen alles, damit alle guten Neigungen in das Böse und Falsche verkehrt werden. Deshalb ist es sehr wichtig, auf die Impulse aus dem eigenen Inneren zu achten. Die völlig von der Welt durchdrungenen Geister des Eigenen versuchen unentwegt, dem Menschen einzuflüstern, dass er dieses oder jenes benötigt, um in der Welt glücklich sein zu können. Es sind keine verstorbenen Menschen, die ihm einreden wollen, dass er elegantere Schuhe, ein besseres Handy oder neue Weltgötzen benötigt. Es sind die Geister der Eigenliebe, des Hochmuts und der Herrschsucht, die den Menschen dazu verleiten wollen den Weg der Gottesferne zu gehen. Auf keinen Fall aber sind es jenseitige Seelen, egal, in welchem Zustand sie sich auch befinden, die unsere Körper dazu missbrauchen um für sich irgendwelche Vorteile herauszuschlagen. Bei Swedenborg kann man hierzu lesen:

„Es gibt heutzutage sehr viele Geister, die nicht nur in die Gedanken und Neigungen des Menschen einfließen wollen, sondern auch

---

[144] Zauberer sind solche, welche die göttliche Ordnung, somit die Gesetze der Ordnung verkehren. Dass Zaubereien und magische Künste nichts anderes sind, kann man an den Zauberern und Magiern im andern Leben sehen, wo es deren in Menge gibt; denn diejenigen, die im Leben des Leibes List brauchten, und viele Künste ersannen, um andere zu betrügen, und zuletzt infolge des Gelingens alles der eigenen Klugheit zuschrieben, erlernen im anderen Leben Zauberkünste, die nichts anderes sind als Missbräuche der göttlichen Ordnung, hauptsächlich der Entsprechungen. »HG« 7296
[145] »HG« 4793

in die Reden und Handlungen, also auch in seine körperlichen Dinge; während doch das Körperliche vom besonderen Einfluss der Geister und Engel frei ist, und durch den allgemeinen Einfluss regiert wird; wenn das Gedachte in die Rede und das Gewollte in die Handlungen ausläuft, so geht dieser Ausgang und Übergang in den Körper gemäß der Ordnung vor sich, und wird nicht durch irgendwelche Geister im Besonderen regiert; denn in das Körperliche eines Menschen einfließen heißt, ihn in Besitz nehmen."[146]

Mit anderen Worten ausgedrückt, es gibt keine Menschen, die unter der Besessenheit von verstorbenen Menschen zu leiden haben. Vielmehr sind all die Erscheinungen, die den Eindruck von Besessenheit oder Umsessenheit vermitteln, auf psychische Verwerfungen zurückzuführen, die sich der Mensch in der Sinnenwelt zugezogen hat.

Professor Hans-Peter Dürr, ehemaliger Leiter des Max-Planck-Instituts für Physik in München, vertritt die Auffassung, dass der Dualismus kleinster Teilchen nicht auf die subatomare Welt beschränkt, sondern vielmehr allgegenwärtig ist. Oder anders ausgedrückt: Der Dualismus zwischen Körper und Seele ist für ihn ebenso real wie der „Welle-Korpuskel-Dualismus" kleinster Teilchen.

Konsequenterweise glaubt Dürr aus rein physikalischen Erwägungen an eine Existenz nach dem Tode. In einem Interview erläuterte er dies wie folgt: „Was wir Diesseits nennen, ist im Grunde die Schlacke, die Materie, also das was greifbar ist. Das Jenseits ist alles Übrige, die umfassende Wirklichkeit, das viel Größere. Das, worin das Diesseits eingebettet ist. Insofern ist auch unser gegenwärtiges Leben bereits vom Jenseits umfangen."

---

[146] HG 5990

Anmerkungen

„Als Physiker, als ein Mann, der sein ganzes Leben der nüchternen Wissenschaft der Erforschung der Materie gedient hat, bin ich sicher von dem Verdacht frei, für einen Schwarmgeist gehalten zu werden.

Und so sage ich nach meinen Erfahrungen des Atoms Folgendes:

Es gibt keine Materie an sich. Jegliche Materie entsteht und besteht einzig und allein durch eine Kraft, welche die Atomteilchen in Schwingung bringt, und sie zu dem winzigen Sonnensystem des Atoms zusammenhält. Da es im ganzen Weltall weder eine intelligente noch ewig abstrakte Kraft gibt, so müssen wir hinter dieser Kraft bewussten, intelligenten Geist annehmen.

Dieser Geist ist der Urgrund der Materie. Die sichtbare, aber vergängliche Materie ist nicht das Reale, Wahre, Wirkliche, denn diese Materie bestünde ohne diesen Geist überhaupt nicht, sondern der unsichtbare, unsterbliche Geist ist das Wahre.

Weil es aber Geist an sich nicht geben kann, und jeder Geist einem Wesen zugehört, so müssen wir zwingend Geist-Wesen annehmen. Da aber auch Geist-Wesen nicht aus sich selbst sein können, sondern geschaffen sein müssen, so scheue ich mich daher nicht, diesen geheimnisvollen Schöpfer ebenso zu nennen, wie ihn alle Kulturvölker der Erde früherer Jahrtausende genannt haben: Gott.

Damit kommt der Physiker, der sich mit der Materie zu befassen hat, vom Reiche des Stoffes in das Reich des Geistes. Und damit ist unsere Aufgabe zu Ende, und wir müssen unser Forschen weitergeben in die Hände der Philosophie."

Max Planck (* 23. April 1858 in Kiel; † 4. Oktober 1947 in Göttingen) Nobelpreis für Physik

---

„Im Grunde gibt es Materie gar nicht. Jedenfalls nicht im geläufigen Sinne. Es gibt nur ein Beziehungsgefüge, ständigen Wandel, Lebendigkeit. Wir tun uns schwer, uns dies vorzustellen. Primär existiert nur Zusammenhang, das Verbindende ohne materielle Grundlage. Wir könnten es auch Geist nennen. Etwas, was wir nur spontan erleben und nicht greifen können. Materie und Energie treten erst sekundär in Erscheinung – gewissermaßen als geronnener, erstarrter Geist. Nach Albert Einstein ist Materie nur eine verdünnte Form der Energie. Ihr Untergrund jedoch ist nicht eine noch verfeinerte Energie, sondern etwas ganz Andersartiges, eben Lebendigkeit."

"Dass, was wir Diesseits nennen, ist im Grunde die Schlacke, die Materie, also das, was greifbar ist. Das Jenseits ist alles Übrige, die umfassende Wirklichkeit, das viel Größere. Insofern ist unser gegenwärtiges Leben bereits vom Jenseits umfangen."

Hans-Peter Emil Dürr (* 7. Oktober 1929 in Stuttgart) ist ein deutscher Physiker. Bis Herbst 1997 war Dürr Direktor am Max-Planck-Institut für Physik (Werner-Heisenberg-Institut) in München.

JHWH (hebräisch יהוה; engl. auch YHWH) ist der Eigenname des Gottes Israels im Tanach, der Hebräischen Bibel, der sich seinem Volk im ersten der Zehn Gebote vorstellt:

„Ich bin JHWH, dein Gott, der ich dich aus dem Land Ägypten, aus dem Sklavenhaus, herausgeführt habe." (Ex 20,2–3)

Spätestens seit 100 n. Chr. wurde der Gottesname im Judentum nicht mehr genannt. Daher ging das Wissen um seine ursprüngliche Aussprache allmählich verloren. Sie wurde wegen der masoretischen Punktuation im Mittelalter auch im Judentum selbst weithin vergessen.

Seit dem frühen 18. Jahrhundert versuchten historisch-kritische Alttestamentler die Aussprache des Tetragramms und seine Urform zu rekonstruieren. Dabei knüpften sie an die biblischen Kurzformen und ihre masoretische Vokalisierung an. Der lutherische Theologe Romanus Teller zählte 1749 folgende Lesarten auf: Jevo, Jao, Jahe, Jave, Javoh, Jahve, Jehva, Jehovah, Jovah, Jawoh oder Javoh.[42] Die Aussprache „Jahwe" war um 1800 bereits rekonstruiert worden; sie gilt heute als die wahrscheinlichste. [Wikipedia]

Der Herr, welcher der Gott des Weltalls ist, ist unerschaffen und unendlich; der Mensch hingegen und der Engel sind erschaffen und endlich. Und weil der Herr unerschaffen und unendlich ist, so ist er das Sein selbst, welches 'Jehova' heißt, und ist das Leben selbst oder das Leben in sich.
[E. Swedenborg, Göttliche Liebe und Weisheit 4]

Auf dem ganzen Erdkreis ist bekannt und auch von jedem Menschen infolge eines inwendigeren Bewusstseins anerkannt, dass Ein Gott ist, welcher der Schöpfer des Weltalls ist; und aus dem Wort ist bekannt, dass Gott, der Schöpfer des Weltalls, Jehova heißt, vom Sein, weil Er allein Ist:
Jehova wird der Herr von Ewigkeit genannt, weil Jehova das Menschliche angenommen hat, um die Menschen von der Hölle zu erretten und dann den Jüngern gebot, Ihn Herr zu nennen, weshalb Jehova im Neuen Testament der Herr heißt.
[E. Swedenborg, Göttliche Liebe und Weisheit 282]

Emanuel Swedenborg wurde am 29. Januar 1688 in Stockholm als zweiter Sohn des Bischofs von Skara, Jesper Swedberg, geboren. Als junger Mann begann er sein Studium an der Universität Uppsala und reichte dort am 1. Juni 1709 seine Dissertation ein.

Nach seinem Studienabschluss wandte er sein Hauptinteresse den exakten, besonders den mathematischen Wissenschaften zu. Noch im gleichen Jahr reiste er ins Ausland, um dort die neuesten Entdeckungen auf dem Gebiet der mathematischen, physikalischen und anderen Naturwissenschaften zu studieren. Er suchte den „Archimedes des Nordens", Christoph Polhem, auf, der ihn über seine Erfindungen auf den aktuellsten Stand setzte. „Wir fanden großes Gefallen aneinander", schreibt Polhem an Swedenborgs Schwager Benzelius, „besonders als ich ihn fähig fand, mir in meinen mechanischen Arbeiten zu helfen und die dabei nötigen Experimente zu machen. Hierbei verdanke ich ihm mehr als er mir."

Nebenbei bemerkt, verlobte sich Swedenborg mit der jüngsten Tochter Polhems, als er sich aber von ihr nicht wahrhaft geliebt fühlte, gab er ihr ihr Wort zurück und blieb sein ganzes Leben lang Junggeselle.

Im Jahr 1710 reist Swedenborg nach London. Seinem Schwager und Gönner Benzelius schrieb er: „Ich studiere täglich Newton und es verlangt mich sehr, ihn zu sehen und zu hören." Dieses Vergnügen war ihm wohl nicht vergönnt. Dafür lernte er viele andere berühmte Gelehrte wie z. B. Flamstead, Halley und Woodward kennen. Nach diesem ersten Aufenthalt in England besuchte er Holland, Belgien, Deutschland und Frankreich, wo er in Paris die berühmten Mathematiker Philippe de la Hire und Pierre Varignon traf. „Es würde zu weit führen", schreibt Swedenborg, „wenn ich alle die Gelehrten erwähnen wollte, die ich auf meinen Reisen besuchte und mit denen ich bekannt wurde, da ich mir nie eine Gelegenheit dazu sowie zum Besuch von Bibliotheken, Sammlungen und anderem, was interessant war, entgehen ließ." Mit mehreren dieser Gelehrten führte Swedenborg auch einen wissenschaftlichen Briefwechsel.

Während seiner ersten Reisen in die verschieden europäischen Länder erfand der junge Gelehrte die unterschiedlichsten Geräte und Maschinen. So entwarf er unter anderem die Pläne eines Unterseebootes, „das der feindlichen Flotte großen Schaden zufügen kann", eines neuen Schleusensystems, einer Maschine, die durch siedendes Wasser betrieben wird (erste Skizze einer Dampfmaschine), eines Luftdruckgewehres, das 60-70 Kugeln abschießen konnte, ohne wieder geladen zu werden, eines Flugzeugs, einer Rechenmaschine, einer Quecksilberpumpe, etc.

Nach seiner Rückkehr nach Schweden wurde er im Jahr 1716 zum außerordentlichen Assessor am Königlichen Bergwerkskollegium ernannt. Im Jahr 1717 lehnte er einen Lehrstuhl für höhere Mathematik an der Universität Uppsala ab, um sich ganz seinen Pflichten als Assessor am Bergwerkskollegium widmen zu können. In dieser Tätigkeit erwarb er sich große Verdienste als Ingenieur und Hüttenkundiger. Es ist kaum möglich, all die Verbesserungen aufzuzählen, die Swedenborg im Bergwerksbetrieb seines Vaterlands einführte, und seine Verdienste um Industrie und Künste in Schweden waren unbeschreiblich groß.

Er war eines der Gründungsmitglieder der Königlichen Akademie der Wissenschaften von Schweden. Im Jahr 1718 gab er die erste wissenschaftliche Zeitschrift für Mathematik und Physik in Schweden heraus, den Daedalus Hyperboreus, zu der er zahlreiche Beiträge über technische Themen und wissenschaftliche Fragen beisteuerte. Im selben Jahr veröffentlichte er eine sinnreiche Methode zur Bestimmung der geografischen Länge nach Beobachtungen des Mondes - ein Problem, das die Gelehrten schon längere Zeit beschäftigt hatte. König Karl XII. schlug er die staatliche Einführung eines neuen Maß- und Gewichtssystems vor, welches das Rechnen erleichtern und die Brüche beseitigen sollte. Es handelte sich hier um nichts Geringeres als um das heute geläufige Dezimalsystem. Unter den zahlreichen anderen Vorschlägen, die er dem König unterbreitete, ist auch die Schaffung einer astronomischen Sternwarte und eines Lehrstuhls der Mechanik an der Universität Uppsala sowie der Plan einer Gesellschaft zur Ausfuhr des schwedischen Eisens und Teers. Der König vertraute ihm die Ausführung seines Planes zur Salzerzeugung an, für den Swedenborg neue Apparate ersann und aufstellte. Auch erfand der ideenreiche junge Techniker einen Ofen mit langsamer Verbrennung, eine bis dahin unbekannte Methode, Metalladern zu entdecken, etc.

Als im Jahre 1718 Frederikshald belagert wurde, konnte Swedenborg neue Beweise seiner Ingenieurskunst liefern. Er fand Mittel und Wege, eine gewaltige Schaluppe, 2 Galeeren, und 5 große Boote von Strömsland über Berg und Tal in den Iddefjord zu befördern. Im gleichen Jahr veröffentlichte er zehn Bücher über Algebra, die Differenzial- und Integralrechnung usw. In diesem Werk behandelte er auch verschiedenste Probleme der Mechanik und Ballistik. In der folgenden Zeit widmete er seine Zeit den Studien auf den Gebieten der Mineralogie, Chemie, Physik und Kosmologie.

Bereits im Jahr 1719 reichte er dem Kgl. Medizinalkollegium eine der Physiologie und Biologie gewidmete Denkschrift ein, mit dem Titel: „Beweis, dass unsere Lebenskraft vornehmlich in kleinsten Schwingungs- oder Wellenbewegungen besteht." Im gleichen Jahr wurde er mit seiner Familie von Königin Ulrike Eleonore geadelt und hieß von nun an Swedenborg. Dadurch bekam er Sitz und Stimme im Herrenhaus, in dem er bis zu seinem Tode ein tätiges Mitglied war, auf dessen Meinung man großen Wert legte.

Im Jahre 1721 erschienen in Amsterdam Schriften zu sehr verschiedenen Themen wie z. B. eine chemisch-physikalische Abhandlung, neue metallurgische Betrachtungen und eine zweite Auflage seiner Methode zur Bestimmung der geografischen Länge nach Beobachtung des Mondes. Nach Schweden zurückgekehrt, nahm er wieder seine Tätigkeit als Assessor am Königlichen Bergwerkskollegium auf. Durch einen königlichen Erlass ermächtigt, begab er sich 1733 nach Dresden und Leipzig, um dort vier wissenschaftliche Bände zu veröffentlichen, deren Manuskript er neben seiner Tätigkeit als Assessor fertiggestellt hatte. In der Folge erschienen die Bände Principia Rerum Naturalium, De Ferro, De Cupro. Die Akademie des Sciences in Paris veröffentlichte den Band "De Ferro" in ihrer Beschreibung der mechanischen Künste, "weil dieses Werk als das Beste über diesen Gegenstand angesehen wurde".

Der Physikprofessor M. Th. Freneh an der Universität Cincinnati schreibt über Swedenborgs Werk Principia: „Folgende Lehren der modernen Wissenschaft findet man mehr oder weniger bestimmt in den Principia schon dargelegt: Die Atomtheorie (das Atom als kleines Sonnensystem aus Energiekernen, mit Bewegungen nach mathematischen Gesetzen), den Ursprung der Erde und ihrer Schwesterplaneten aus der Sonne, die Wellentheorie des Lichts, die Nebularhypothese, die Lehre, dass Wärme eine Art Bewegung ist, dass Magnetismus und Elektrizität (auch Licht und Elektrizität) eng zusammenhängen, dass Elektrizität eine Form der Ätherbewegung ist und dass die Molekularkräfte von der Wirkung eines Äthermediums herkommen."

Im Jahre 1734 lässt Swedenborg in Leipzig sein Werk Opera Philosophica et Mineralia (Werke zur Philosophie und Mineralogie), drucken, in dem er seine Lehre von den Schwingungen und überhaupt die Lehre seiner Principia auf die Erscheinungen der Biologie anwendet (wie übrigens schon im Jahr 1719). Um dieselbe Zeit versuchte er auch die rein psychologischen Erscheinungen von ähnlichen Grundlagen aus zu erklären. Das Werk über dieses Thema erschien in englischer Sprache unter dem Titel Psychologica. In der folgenden Zeit wandte Swedenborg sein Interesse den Problemen des Daseins der Seele und ihrer Beziehungen zum Körper zu. Der Gedanke, dass der Körper der Sitz der Seele sei, bewog ihn, Anatomie und Physiologie zu studieren. Als erstes Ergebnis seiner Forschungen veröffentlichte er im Jahre 1740 und 1741 in Amsterdam seine zweibändige Oeconomia Regni Animalis (Die Einrichtung des Tierreichs). Dr. Alf Acton bemerkt in diesem Zusammenhang: "Es ist ein bemerkenswerter Zug dieses Werks, welches scheinbar nur das letzte Reich der Natur behandeln will, dass es doch mit den tiefsten Spekulationen über die Schöpfung durch das Unendliche einsetzt. Hier sehen wir die Grundlage von Swedenborgs ganzer späterer Philosophie, von der er nie mehr abschwenkte." Weiter schreibt Dr. Acton: "Darum kann ich auch die Meinung Professor Lamms nicht teilen, wonach Swedenborg unter dem Einfluss von Aristoteles, Plotin, Leibniz usw. die mechanistische und kartesische Auffassung der Principia verlassen und sich einer neuplatonischen Emanationslehre zugewandt habe."

Über die Quellen Swedenborgs gibt A Philosopher's Note Book (Philadelphia 1931) Auskunft. In dieser bedeutenden Urkunde sind alle Auszüge wiedergegeben, die sich Swedenborg im Laufe seiner umfangreichen Lektüre aufgezeichnet hat. Richtig ist, dass Swedenborg seine früheren Theorien durch eine neue "organische" Weltauffassung ergänzt hat. Hier muss man den Worten Lamms recht geben: "Innerhalb seiner naturwissenschaftlichen Betrachtungsweise macht sich diese organische Auffassung geltend in der durchgängigen Auslegung der Lehre von der Widerspiegelung des Makrokosmos im Mikrokosmos, nach der nicht nur der Mensch, sondern jeder kleinste Teil des Weltalls eine Welt im Kleinen ist, mit demselben Aufbau und denselben Gesetzen wie der Makrokosmos. Die

Lehre von den Serien und den Graden dient ja hauptsächlich dazu, diesen organischen Zusammenhang zwischen allem in der Natur näher zu veranschaulichen ... Diese Bande der Kontinuität und Analogie, die Hohes und Niederes, Großes und Kleines, Irdisches und Himmlisches zusammenhalten, sind für Swedenborg das Wesentliche seiner Philosophie ... Die Aufgabe der Philosophie war und blieb für ihn, die unmerklich dünnen Fäden aufzudecken, die das große Gewebe der Schöpfung bilden." Obwohl die Oeconomia mehr ein naturphilosophisches Werk als eine rein wissenschaftliche Abhandlung ist, findet sich doch darin eine ganze Reihe neuer wissenschaftlicher Ideen, besonders über die Entwicklung des Fötus (Swedenborg war einer der ersten Vorkämpfer der Lehre der Epigenese), die Bewegung des Gehirns, die Rolle der Hirnrinde als Sitz der seelischen Funktionen, die Lokalisation der Sinnes- und Bewegungszentren, die Funktion der Drüsen mit innerer Sekretion usw.

Drei Jahre später (1744/45) veröffentlichte Swedenborg die beiden ersten Bände seines Regnum Animale (Das Tierreich, anatomisch, physikalisch und philosophisch erläutert), eines gewaltigen Werkes in 17 Teilen. "Professor Anders Retzius hat gezeigt, dass man hier (in den anatomischen und physiologischen Werken, besonders in Regnum Animale, das er ein "Wunderwerk" nennt) Gedanken findet, die den neuesten Zeiten angehören, eine Spannweite, Induktion und Tendenz, die nur mit der von Aristoteles verglichen werden kann. Seitdem haben verschiedene Autoren sich in ähnlicher Weise ausgesprochen, wie Professor Christian Lovén, Professor Martin Ramström, Professor C. G. Santesson, und vor allem Professor Gustav Retzius bei verschiedenen Anlässen.

Die Studie, die Professor Martin Ramström der großartigen Arbeit Swedenborgs über das Gehirn gewidmet hat, ist das Beste, was wir darüber haben. Professor Ramström hebt die drei Thesen dieses Werks hervor, die ihm am meisten aufgefallen sind:
1. die Behauptung, dass die Zentren der seelischen Funktionen sich in der Gehirnrinde befinden,
2. seine Lehre von den Gehirnlokalisationen (die Professor Lamm als epochemachend bezeichnet),
3. die Theorie der Cerebellula oder ursprünglichen Nervenzellen, deren Summe die Gesamtheit der Rinde bildet.

Ramström schließt seine Studie folgendermaßen: "Es muss betont werden, dass, als Swedenborg seine Tatsachen aus den zahlreichen und keineswegs zusammenhängenden Gebieten der fachmännischen Literatur sammelte, er sie durchaus nicht in den großen Werken über die Hauptthemen schon dargeboten oder auch nur zur Hand liegend vorfand. Nein, er musste sie oft sozusagen ausgraben, und zwar aus einem Chaos irrtümlicher Beobachtungen, falscher Auslegungen und sonderbarer Vorstellungen; aber er musste noch weiter pflügen, sichten und ausarbeiten, ehe er seine Schlüsse daraus ziehen konnte. Angesichts dessen muss man zugeben, dass es wahrlich eine geniale Leistung war, aus einem solchen Chaos die verborgenen Leitfäden herausziehen und trotz gewisser Unvollkommenheiten so viel Wahrheit herausfinden zu können."

Im Jahre 1745 beendete Swedenborgs seine wissenschaftlichen Tätigkeiten. Schon zu seinen Lebzeiten bewiesen ihm die Gelehrten seiner Heimat und des Auslands die höchste Achtung. So wählte ihn die Akademie der Wissenschaften in St. Petersburg im Jahr 1734 zu ihrem korrespondierenden Mitglied. Da aber seine Ideen denen seines Jahrhunderts weit vorauseilten, konnten die Gelehrten erst viel später seinem Genie volle Gerechtigkeit erweisen und in vielen Fällen die Priorität seiner Entdeckungen oder Theorien anerkennen. So erklärte der große französische Chemiker Georges Dumas Swedenborg zu einem der Väter der modernen Kristallographie, und Professor Patterson von der Universität Pennsylvania schrieb: "Von vielen Beobachtungen und Experimenten in den Principia über Magnetismus meint man, sie seien sehr viel neueren Datums, und sie werden zu Unrecht moderneren Schriftstellern zugeschrieben."

Swedenborg arbeitete noch an seinem Regnum Animale als er besondere seelische Zustände an sich zu beobachten anfing. Von Juni 1743 an pflegte er sich darüber Notizen zu machen, ebenso wie über die prophetischen und symbolischen Träume, die sich um diese Zeit einstellten. Seine geistige Haltung, die schon immer den göttlichen Dingen gegenüber ehrfurchtsvoll gewesen war, wurde ausgesprochen religiös. Zwischen 1743 und 1745 machte er eine Krise durch, die man mit Recht als mystisch kennzeichnen darf, und in deren Verlauf er sein Herz ganz Gott zuwandte. Das "Tagebuch seiner Träume", begonnen im Dezember 1743 und abgeschlossen im Oktober 1744, unterrichtet uns vollständig über seine damalige Geistesverfassung. Hier sind wir Zeugen des Entstehens und der ersten Entwicklung seiner psychischen übernormalen Fähigkeiten: Bedeutsame Träume, Verdoppelung des Ich, Ekstasen, Beginn des Hellhörens, Auftauchen von Visionen, psychische und motorische Automatismen usw. Im April 1745 hatte er in London eine Christusvision. Swedenborg beschreibt diesen Vorgang folgendermaßen:

"Während der Nacht erschien mir ein Mann. Der Mann sagte, er sei Gott, der Herr, der Welt Schöpfer und Erlöser, und dass Er mich erwählt habe, den Menschen den geistigen Sinn der Heiligen Schrift auszulegen und dass Er mir selbst diktieren werde, was ich schreiben solle über diesen Gegenstand. In der nämlichen Nacht wurden zu meiner Überzeugung die Geisterwelt, die Hölle und der Himmel mir geöffnet, wo ich mehrere Personen meiner Bekanntschaft aus allen Ständen fand. Von diesem Tage an entsagte ich aller weltlichen Gelehrsamkeit und arbeitete nur in geistigen Dingen, gemäß dem, was der Herr mir zu schreiben befahl. Täglich öffnete mir der Herr in der Folge die Augen meines Geistes, um bei völligem Wachen zu sehen, was in der anderen Welt vorging und ganz wach mit Engeln und Geistern zu reden."

"Die Vision dauerte ungefähr eine Viertelstunde. In dieser Nacht wurden die Augen meines inneren Menschen geöffnet; sie erhielten die Fähigkeit, in die Himmel, in die Geisterwelt und in die Höllen zu sehen. Von diesem Tag an gab ich das Studium der weltlichen Wissenschaften auf, um mich ganz den übersinnlichen Dingen zu widmen, gemäß dem, was mir der Herr zu schreiben befahl."

Im gleichen Jahr veröffentlichte er eine halb wissenschaftliche, halb religiöse Abhandlung: De Cultu et Amore Dei (Über die Verehrung und Liebe Gottes), in der die Schöpfung der Welt, die Entstehung der lebendigen Formen und die Erscheinung des Menschen behandelt werden. Danach begann er, die Bibel im Urtext zu studieren und verfasste einen ersten Versuch allegorischer Schriftauslegung: Adversaria in Libros Veteris Testamenti, ein Werk, das jedoch erst nach seinem Tode erschienen ist. Interessant sind hauptsächlich die zahlreichen Stellen, in denen er seine übersinnlichen Erlebnisse wahrheitsgetreu aufgezeichnet hat. Sie bilden gewissermaßen den (verlorenen) Eingang zum Diarium Spirituale und beziehen sich auf die Jahre 1745 und 1746, während das Diarium zwischen 1757 und 1765 geschrieben wurde. Die Adversaria zeigen, dass er sich damals noch nicht ganz von der theologischen Gedankenwelt oder wenigstens der Begriffssprache seiner Zeit freigemacht hatte. Seine geistige Erleuchtung ließ noch zu wünschen übrig, obschon seine Sehergabe scheinbar schon ihre volle Blüte erreicht hatte.

Im Jahr 1748 begann er sein Opus Magnum, sein erstes theologisches Werk, die Arcana Coelestia (Himmlische Geheimnisse im Worte Gottes) niederzuschreiben, deren acht große Quartbände zwischen 1749 und 1756 die Presse verließen. Hier hat er sich ganz von der überlieferten Theologie losgemacht und Vers für Vers den inneren oder geistlichen Sinn der ersten zwei Bücher Moses sowie gewisser Teile des Neuen Testaments klargelegt. In diesem grundlegenden Werk findet sich schon seine ganze theologische Lehre.

Im Jahr 1758 veröffentlichte er nacheinander in London De Equo Albo in Apocalypsi (Das weiße Pferd), De Coelo et Ejus Mirabilibus et de Inferno (Vom Himmel und seinen Wunderdingen; Himmel und Hölle), De Telluribus in Mundo Nostro Solari (Die Erdkörper in unserem Sonnensystem), De Nova Hierosolymae de Domino (Die Lehre des Neuen Jerusalem vom Herrn) und De Ultimo Judicio (Vom jüngsten Gericht). Im selben Jahr setzt er die Niederschrift des im vorhergehenden Jahr begonnenen und unvollendet gebliebenen umfangreichen Werkes Apocalypsis Explicata Secundum Sensum Spiritualem (Die Offenbarung erklärt nach dem geistigen Sinn, Erklärte Offenbarung) fort, von dem er nur gewisse Auszüge veröffentlichte wie De Athanasii Symbolo, De Verbo usw. Im Jahr 1759 schrieb er noch verschiedene, in seinen nachgelassenen Werken herausgekommene kleine Abhandlungen. Vier Jahre später erschienen in Amsterdam vier kleine theologische Abhandlungen über den Herrn, die Heilige Schrift, das Leben und den Glauben, und auch zwei bedeutende Werke, betitelt: Sapientia Angelica de Divino Amore et de Divina Sapientia (Die Weisheit der Engel betreffend die göttliche Liebe und Weisheit), und: Sapientia Angelica de Divina Providentia (Die Weisheit der Engel betreffend die göttliche Vorsehung). In den folgenden Jahren schrieb er zahlreiche Werke, von denen er selbst nur die wichtigsten (in Amsterdam) veröffentlichte: Apocalypsis Revelata (Enthüllte Offenbarung Johannes, 1766), Delitiae Sapientiae de Amore Conjugali (Die Wonnen der Weisheit betreffend die eheliche Liebe, die Wolllüste der Torheit betreffend die buhlerische Liebe, 1768) und De Comercio Animae et Corporis (Der Verkehr zwischen Seele und Leib, wahrscheinlich als Antwort auf einen Brief von Kant, 1769). Endlich, 1771, das letzte, von ihm selbst veröffentlichte Werk, die Zusammenfassung seiner ganzen Lehre, Vera Christiana Religio (Die wahre christliche Religion). Vor seinem Tod schrieb er noch in lateinischer Sprache einen Appendix zu diesem Werk, der ebenso wie alle seine nachgelassenen Werke, von Professor Immanuel Tafel herausgegeben und dann in alle Sprachen der Kulturwelt übersetzt wurde.

Der schwedische Geschichtsschreiber Victor Nilsson schreibt in seinem Buch: Schweden, sein Volk und seine Geschichte, Stockholm 1910, Folgendes: "Wenn die theologischen Werke Swedenborgs zunächst die Ergebnisse seiner vielen wissenschaftlichen Forschungen in Misskredit bringen konnten, so hat dann sein Ruf als großer religiöser Denker den überstrahlt, den er sich mit soviel Recht als Gelehrter und als Philosoph erworben hatte." Dies zeigt, wie sehr zu Unrecht man in seinen religiösen Schriften nur "die Träume eines Geistersehers" oder die Faseleien eines Mystikers sehen würde.

Ein Unkundiger könnte auf den Gedanken kommen, Swedenborg habe nach seiner Erleuchtung die hervorragenden Eigenschaften verloren, durch die er als Wissenschaftler und Naturphilosoph glänzte, da doch die Mystiker die Forderungen der Vernunft und der Logik gerne auf die leichte Schulter nehmen. Was jedoch an den religiösen Werken des "Propheten aus dem Norden" vor allem auffällt, ist einerseits die völlige Abwesenheit jeder mystischen Benommenheit und andererseits das Fortbestehen einer nüchternen wissenschaftlichen Betrachtungsweise. Seiner Visionen wegen hat Swedenborg nie, weder in seinem metaphysischen System noch in seiner Theologie noch in seiner Sittenlehre irgendeinem irrationalen Element stattgegeben. Seine Visionen selbst fügen sich immer den Forderungen der anspruchsvollsten Logik und erklären sich restlos im Lichte der vom Verfasser dargelegten rationalen Prinzipien. Es sind durchaus nicht die Visionen einer beschaulichen Seele, sie tragen vielmehr das Gepräge eines zugleich beobachtenden und kritischen Geistes. Es ist Swedenborg in bewundernswerter Weise gelungen, Wissenschaft, Philosophie und Theologie in Einklang zu bringen. "Jetzt darf man auch mit der Vernunft in die Geheimnisse des Glaubens eindringen" (Nunc licet intellectualiter intrare in arcana fidei), diese Losung steht in goldenen Lettern auf dem erhabenen Giebel des theologischen Bauwerks geschrieben, das er errichtete. Der Mensch von heute soll verstehen und sich mit der Vernunft Rechenschaft geben von seinem Glauben. Swedenborg hat ihm hier seine Aufgabe erleichtert, indem er alle Schwierigkeiten verstandesmäßiger Art beseitigt hat, die mit jeder wörtlichen Auslegung der biblischen Texte unzertrennlich verbunden sind. Er hat darauf hingewiesen, dass die wahre Bedeutung und das göttliche Wesen dieser Texte vor allem in ihrem verborgenen oder geistigen Sinn zu suchen sind. Emanuel Swedenborg gründet seine geistliche Auslegung der Bibel auf die "Wissenschaft der Entsprechungen, die zwischen der geistigen - oder der Welt der Ursachen - und der natürlichen - oder der Welt der Wirkungen - bestehen". Diese Wissenschaft der Entsprechungen hat es ihm erlaubt, die Heilige Schrift so zu interpretieren, dass ein geistig normaler Mensch den Inhalt der Bibel verstehen kann.

Seine Theologie im engeren Sinn kann man kurz zusammenfassen: er hat den überlieferten Gedanken eines Rechtsverhältnisses zwischen Mensch und Gott durch die Auffassung eines organischen oder vitalen Bandes zwischen Schöpfer und Geschöpf ersetzt. In diesem Sinn haben die theologischen Dogmen des nordischen Denkers gleichsam die Art und den Wert biologischer Gesetze. In seinem System gleichen der Sündenfall, die Erlösung, die Menschwerdung, das Jüngste Gericht und die Wiederkunft des Herrn weniger den verschiedenen szenischen Ereignissen eines heiligen Schauspiels, einer Divina Commedia, als den aufeinanderfolgenden Abschnitten in der Geschichte der Lebensbeziehungen zwischen Gott und den Menschen.

Diese vitalistische Auffassung unseres Verhältnisses zur Gottheit liegt auch der swedenborgischen Moral zugrunde. Wie die Liebe des Menschen, so ist das geistige Leben, das in ihn einfließt. Recht handeln hat mehr Wert als recht denken. Omnis religio est vitae et vita eius est facere bonum: aus der Quelle dieses Wahlspruchs fließen bei ihm alle sittlichen Vorschriften.

"Ich habe oft zum König (Gustav III. von Schweden) gesagt", schrieb der erste Minister, Graf Hoepken, an den General Tuxen, "wenn der Fall vorkäme, einen neuen Staat zu gründen, so wäre keine Religion geeigneter, ihm Kraft und Beständigkeit zu sichern, als die von Swedenborg bekannt gemachte. Und zwar aus zwei Gründen: Erstens, weil diese Religion, mehr als jede andere, ehrliche und fleißige Bürger heranzubilden strebt, denn sie lehrt, dass die Gottesverehrung im Leben und in den guten Werken besteht. Dann aber schwächt sie die Angst vor dem Tod. Die Lehre der neuen (swedenborgischen) Kirche ist klarer und für die Vernunft befriedigender als jede andere. Sie ist unvereinbar mit Fanatismus und Aberglauben jeder Art, diesen bösen Geißeln der Welt. Endlich finde ich in seinem System eine Einfachheit, einen Zusammenhang, eine Logik, wie sie ganz dem gleichen, was ich überall in der Natur, das heißt in den Werken Gottes, finde."

Diese Meinung des Grafen Hoepken versteht man um so besser, als für Swedenborg die Liebe zum Nächsten notwendig die Liebe zum Vaterland, zur Menschheit, zur Kirche einschließt. Die christliche Liebe besteht wesentlich darin, dass man die Pflichten seines Berufs erfüllt in dem Wunsche, sich der Allgemeinheit nützlich zu machen. Schon im Diesseits nehmen wir teil am Leben des Himmels oder der Hölle, da Himmel und Hölle vor allem geistige Zustände sind, die von der guten oder bösen Natur unserer Gemütsbewegungen abhängen.

Dieser swedenborgische Himmel ist ein Zustand vollkommenen Lebens, in dem jeder mit Freuden die Stelle ausfüllt, für die er am besten passt. Und die Hölle ist kein Ort der Strafe, sondern eine Lebensform rein selbstsüchtiger Art, die dem wesentlich selbstlosen Charakter des aus Gott fließenden Lebens entgegen ist. Die Lehre Swedenborgs ist in hohem Maße lebensbejahend. Er ächtet keine Gattung der Freude grundsätzlich. Für ihn sind alle Freuden, auch die der Sinne, gut an sich, vorausgesetzt, dass sie sich in den für sie bestimmten Grenzen halten und dass sie der Mensch nicht unabhängig von den Zwecken begehrt, mit denen sie von Rechts wegen verknüpft sind.

So zeigt sich Swedenborg in seiner sexuellen Ethik zugleich hoch idealistisch und sehr weiten Geistes. Für Emerson ist De Amore Conjugiali (Eheliche Liebe) die erhabenste, zum Preis der vergeistigten Liebe geschriebene Dichtung. Darum verwirft aber Swedenborg die Liebe zum Geschlecht nicht als an sich höllisch. Sie ist vielmehr ein natürlicher Trieb, den es nicht zu unterdrücken, sondern zu vergeistigen und zu reinigen gilt, wenn man sich nicht endgültig unfähig machen will für das Glück des Himmels, das ganz und gar Unschuld ist. Darum lehrt er auch, dass es eine eheliche Liebe im Himmel gibt.

Die Lehre von der Ewigkeit dieser Liebe gründet er auf psychologische Erwägungen, gegen deren durchschlagende Kraft sich nur schwer etwas sagen lässt. Niemand hat wohl besser als er das Wesen des seelischen Unterschieds zwischen Mann und Frau erfasst. Für ihn ist das Geschlecht eine Sache der Seele ebenso sehr, wenn nicht noch mehr, als eine des Körpers.

Das sind in großen Zügen die Merkmale der swedenborgischen Theologie und Sittenlehre, in denen rein nichts den Ausgeburten eines schwärmerischen Geistes gleicht. "Den bedeutendsten Schritt, den die Religionsgeschichte der neueren Zeiten vorwärts getan hat, haben wir dem Genius Swedenborgs zu verdanken. Den Wahrheiten, die aus seinem System heraus in allgemeinen Umlauf kamen, begegnet man nun jeden Tag, da sie die Ansichten und die Bekenntnisse aller Kirchen und der Menschen außerhalb der Kirche beeinflusst haben.

Über eine der Grundlehren seiner Metaphysik hat sich Professor L. F. Hite folgendermaßen ausgesprochen: „Swedenborgs Auffassung von der Liebe ist neu in der Geschichte des menschlichen Denkens und philosophisch die bedeutendste von allen Grundideen, die die Menschheit je gebildet hat. Der Begriff der Substanz und der Begriff der Ursache wurden von ihm anschaulich gebraucht in einer Weise, die ihnen eigentlich einen ganz neuen Inhalt verlieh. Diesen anschaulich fassbaren Sinn gab er ihnen in seiner Lehre von der Liebe." "Und diesen Mann", rief der große englische Dichter S. T. Coleridge aus, "hat man als irrsinnig hinstellen wollen! O wir drei- und viermal Glücklichen, wenn es nur den Gelehrten und Lehrenden dieses Zeitalters gegeben wäre, auch an dieser Narrheit zu leiden."

"Swedenborg", sagt Henry James, der Vater des berühmten Psychologen, "hatte den gesündesten und umfassendsten Geist, den dieses Zeitalter gesehen hat." (Zitiert in: The Testimony of Genius.) Für diese Behauptung haben wir noch einen Beweis eigener Art in der tätigen Anteilnahme Swedenborgs an den Arbeiten des schwedischen Parlaments. "Bis in sein höchstes Alter hinein", schreibt einer seiner Landsleute, "interessierte er sich für die Finanzverwaltung und die politischen Geschäfte seines Vaterlandes, in den Sitzungszeiten des schwedischen Reichstags und auch in den Zwischenzeiten. Eine große Zahl von Schriftsätzen legen davon Zeugnis ab." "Sein Urteil in diesen Dingen", schreibt ein anderer schwedischer Schriftsteller, "war immer sicher, rasch und treffend." Einer der besten Kenner in diesen Angelegenheiten, der Minister Graf Hoepken, erklärt, die gründlichsten und am besten geschriebenen Denkschriften beim Reichstag von 1761 über Finanzsachen seien die von Swedenborg eingereichten gewesen.

Zum Schluss noch einige kurze Auszüge aus einer Urkunde, deren Gewicht man nicht verkennen wird. Es ist die Rede zum Andenken Swedenborgs, gehalten im großen Saal des Herrenhauses im Namen der Königlichen Akademie der Wissenschaften, von dem Mitglied dieser Akademie, dem Ritter Sandel: "Meine Herren", beginnt er, "erlauben Sie mir in dieser Stunde, Ihre Gedanken nicht auf einen fremden, ermüdenden Gegenstand zu lenken, sondern auf das angenehme Andenken an einen durch Tugend und Gelehrsamkeit berühmten Ehrenmann, den wir als eines der ältesten Mitglieder dieser Akademie alle kannten, alle liebten. Er war eines der umfassendsten Genies, das nie ruhte, nie ermüdete, das sich mit den tiefsinnigsten Wissenschaften beschäftigte und so viele Jahre auf die Erforschung der Naturgeheimnisse verwendete, in späterer Zeit aber alles aufbot, um in noch größere Geheimnisse einzudringen, aber niemals die Moral noch die Gottesfurcht aus den Augen setzte, das eine besondere Geistesstärke besaß, selbst in seiner am Ende sehr alten Hülle, aber auch da noch kühn versuchte, wie hoch die Denkkraft gespannt werden könne. Stellen Sie sich vor eine glückliche Vereinigung von Gedächtnis, Fassungskraft und Beurteilungsgabe. Dabei das beste Herz, geläutert nach den Lebensregeln, die er sich zu seiner eigenen Ermahnung aufgezeichnet hatte. Er hatte mehrere Wechsel, die sich auf unserem Königsthron zugetragen, erlebt und stand in allen Zeiten in besonderer Gnade bei den Landesherren. Wie er zugleich stets zufrieden in sich und mit allen seinen Verhältnissen war, so lebte er ein in jeder Hinsicht glückliches, ja höchst glückliches Leben. Er entschlief in London in seinem fünfundachtzigsten Lebensjahr, satt des irdischen Lebens, und froh, seiner Verwandlung entgegenzugehen."

Alle Zitate stammen - soweit nicht anders gekennzeichnet - aus den Büchern "Swedenborg und die übersinnliche Welt", von H. de Geymüller, erschienen im Swedenborg-Verlag, Zürich und "Emanuel Swedenborg Leben und Lehre" aus dem Swedenborg-Verlag, Zürich.

Bekannte Persönlichkeiten über Emanuel Swedenborg:

Kurt Hutten[147]

In Swedenborg sehe ich einen der ganz Großen in der europäischen Geistesgeschichte der letzten 300 Jahre. Ich halte es für eine Tragödie, dass er vom offiziellen Kirchentum abgewiesen wurde. Er ist bahnbrechend und ungemein befruchtend für den christlichen Glauben und gibt ihm gerade heute in der modernen Welt eine Fülle von Wegweisungen und Anregungen.

[Brief von Kurt Hutten (1901 - 1979) vom 29. September 197]

Carl Gustav Jung[148]

"Ich bewundere Swedenborg als einen großen Wissenschaftler und als großen Mystiker zugleich. Sein Leben und sein Werk sind für mich immer von großem Interesse gewesen, und ich habe etwa sieben dicke Bände seiner Schriften gelesen, als ich Medizinstudent war."
"Ein Visionär von unerreichter Fruchtbarkeit ist Emanuel von Swedenborg (1689 - 1772), ein gelehrter und geistig hochstehender Mann." [GW XVIII/1,714]

Dr. Martin Luther King, Jr.[149]

Swedenborg enables us to understand why we were created, why we are alive and what happens to us after our bodies die. Swedenborg enables us to have the best possible understanding of God's message as it exists in the Bible books which constitute God's Word. [King's collection, Morehouse College, Atlanta GA-USA]

---

[147] Kurt Hutten (1901 - 1979) Deutscher evangelischer Theologe, Apologet und Publizist
[148] Carl Gustav Jung (1875 - 1961) Schweizer Psychiater und der Begründer der analytischen Psychologie.
149 Martin Luther King jr. (1929 - 1968) US-amerikanischer Baptistenpastor und Bürgerrechtler.

Abkürzungen:

WCR   Wahre Christliche Religion (E. Swedenborg)

GLW   Die Weisheit der Engel betreffend der Göttlichen Liebe und Weisheit (E. Swedenborg)

GV   Die Weisheit der Engel betreffend der göttlichen Vorsehung (E. Swedenborg)

EO   Erklärte Offenbarung (E. Swedenborg)

HG   Himmlische Geheimnisse (E. Swedenborg)

HuH   Himmel und Hölle (E. Swedenborg)

Im ICE zu Gott

Wer sich einwenig mit der göttlichen Vorsehung auskennt, der weiß, dass der Herr in seiner unendlichen Barmherzigkeit nichts auslässt, um jeden Menschen immer wieder aufs neue Denkanstöße zu geben. Genau dies ist dem gottungläubigen Daniel in meinem Buch "Im ICE zu Gott" passiert.

Normalerweise ist Bahnfahren für Daniel eine ziemlich langweilige Sache. Doch diese Fahrt nach München ist wohl die spannendste Bahnfahrt, die er je gemacht hat. Nichts ahnend setzt er sich in ein Abteil und befindet sich nach kurzer Zeit in Gespräche verwickelt, die sein ganzes Weltbild infrage stellen.

Sicherlich, Daniel hat sich schon den einen oder anderen Gedanken über sich und die Welt gemacht, aber in diesen Gesprächen sieht er sich ziemlich unvermittelt mit den elementaren Sinnfragen des Lebens konfrontiert. In der Unterhaltung mit seinen Mitreisenden muss sich Daniel mit Themen auseinandersetzen, die für ihn völlig ungewohnt sind.

Themen wie: Gibt es ein Leben nach dem Tod? Stammt der Mensch vom Affen ab? Wie war das mit dem Urknall? Ist der Mensch ein Geschöpf Gottes? Und wenn ja, wer oder was ist Gott? Wenn es einen Gott gibt, warum lässt er so viel Not und Leid zu? Welcher Gott ist der Richtige? Die Antworten, die Daniel durch seine Mitreisenden erfährt, sind für ihn so beeindruckend, dass er alles, was er bisher über Gott und die Welt gedacht hat, neu überdenken muss.

Das Buch ist sehr gut für Leser geeignet, die sich bisher noch wenig Gedanken über das Woher, Wohin und Warum gemacht haben. Aber auch Leser, die nach einem tieferen Einblick in die Grundfragen des Lebens suchen, werden bei der Lektüre des Buches auf ihre Kosten kommen.

Das Buch kann in jeder Buchhandlung, im Internet und beim Autor zu einem Preis von 6,99 € bezogen werden.

Verlag: Books on Demand, Norderstedt
ISBN: 978-3741282478

Der schmale Pfad zum Glück

lautet der Titel meines im BoD-Verlag erschiene-
nen Buches. In ihm wird der Leser in lebensnahen
und liebevoll geschriebenen Kurzgeschichten dazu
eingeladen, die weiten Flure seines eigenen See-
lengrundes zu betreten. Die durch die NO-
Schriften inspirierten Texte sind meist emotional
angelegt und sollen dazu verführen, für kurze Zeit
dem Stress des Alltags zu entfliehen, um sich auf
die wirklich wichtigen Dinge des Lebens besinnen
zu können. Wobei Jesus Christus eine zentrale Stellung in diesen Ge-
schichten einnimmt, denn Er hat wie kein Zweiter auf dieser Welt den
Weg zum wahren Glück aufgezeigt.

Das Buch bietet als Alternative zu den Verlockungen der Welt eine war-
me und einfühlsame Begegnung mit Jesus Christus an, ohne dabei in die
klischeehaften Vorstellungen eines rachsüchtigen und strafenden zu ver-
fallen. Die Texte laden den Leser ein, in den tieferen Schichten der eigenen Seele den Schlüssel zum wahren Lebensglück zu suchen. Dort, wo
Raum und Zeit ihre Gültigkeit verlieren, eröffnet sich dem wahrhaft Suchenden die persönliche Nähe zu Gott. Vielleicht begegnet dabei ja auch
Ihnen Jesus Christus, der Ihnen zuruft: „Kommet alle, die ihr mühselig
und beladen seid, Ich will euch erquicken!"

Das Buch kann in jeder Buchhandlung, im Internet und beim Autor zu
einem Preis von 8,99 € bezogen werden.

Verlag: Books on Demand, Norderstedt
ISBN: 978-3739225975